MY GRANDFATHER POONTUCK MING

THE FIRST PERSON TRAVEL AROUND THE WORLD ON FOOT

我的祖父潘德明
徒步环游世界的第一人

潘溯 著

上海文化出版社

CONTENTS

目 录

楔

子

作为嫡孙，1986年出生的我，并没有见过1976年就去世的祖父潘德明，但我却降生在他娶妻生子的祖宅里。我成长并至今生活在他的起居室里；在他的床上发我的七彩旖旎梦。

我是潘家第三代里，唯一的由祖母自襁褓带大的孩子；白天围着我打转转、晚上躺在我身边呵护备至的，正是祖母马球碧。在祖母的世界观里，潘德明是太阳，是月亮，是星星，是四季的荣辱悲欢；对六个子女言必称：你爸爸如何如何，对我开口闭口：你爷爷曾经曾经；爷爷先我往生整整十年，在我的生命里，不仅是血脉，也是日常，更是难以摆脱的籍贯和不可抗拒的命运。我用着爷爷的碗筷，吃着爷爷喜欢的饭菜，享用把玩甚至搞坏爷爷留下的日常杂物家私，翻着爷爷留下来的书，在爷爷的书桌上爬格子做功课、画画，都从没有意识到笼罩我生命的爷爷，对于我的国家和民族意味何如？

记得读小学一年级的某一天，校广播站里正在播送《潘德明的故事》。七岁的我浑然不觉与我何干，自顾自低头做着小动作，气得班主任来敲我的桌子："在说你爷爷呐！听好！"又有一次，居然中央电视台《万家灯火》节目组开着大汽车来到我家"采访"。还需要被抱上车的我跟着家人狠狠地玩了一把。至于为什么，我根本不知道，只隐隐约约意识到，原来爷爷是个大人物啊！

直到我成为一个中学生时，是我祖母有一次在我发犟脾气执拗于某件事时埋怨了一句：跟你爷爷一个样！

爷爷究竟是什么样的？陡然撞开了我舞象之年刨根问底的大门。

串联起以往的种种，我的"十万个为什么"直捣我爸爸和二伯伯。作为爷爷在沪最年长孩子的我的二伯伯，保管着我爷爷周游世界的遗存，一直处心积虑着自己父亲事迹的发扬光大。如今发现，第三代的淘气包对爷爷的事情发生了兴趣，他真是喜出望外。于是，随问随答的我爸爸和乐得掏心挖肺的我二伯伯，就成了给我口述历史加实物佐证的"潘德明历史"的讲解员；而老祖母就是除正史以外的"稗史大员"。

正是他们在我中学时期的正稗夹击，加之祖母离世后，大学毕业后的我有段时间完全租屋于祖父墓地所在的新场古镇，与早已执意要守护自己父亲的二伯伯，有了整整三年的朝夕相处，使我在精进画画的同时，全面了解了祖父潘德明的所有；更真切地感觉到血统宗亲的强大力量，即我似乎特别能够体会祖父的喜怒哀乐。

近十年来，我在接受无数次记者、史学家及中外游历爱好者采访时，在下意识代爷爷解答发问者下意识的发问时，我恍悟：爷爷的嫡孙不全然是血脉的传承，它是某种意义上的性格志趣甚至方法论上的必然！既处于相同境遇下的某种行为的必然性。

正是这样的理性认识，我开始和父亲有了貌似不经意的聊天游戏，就是父亲在讲祖父某件趣事的时候，我会阻止：别说！让我猜猜爷爷会怎么处理！结果，十之八九我能够猜中。同样的游戏还会衍伸到与其他伯伯、叔叔甚至姑母的聊天中，我总能猜出爷爷是怎么应对的。这是遗传使然，也是对儿时我祖母的碎碎念的串联梳理，由此生发的浮想翩翩，便是我今天著书的勇气。

这部书里的"仿若置身其中"绝非空穴来风，它一来是我三十多年沉浸家族回忆场的结果，二来是成年后的理性追问、考察、探究的积蓄。

也正因为我的努力，我那位保管爷爷遗物、那些在"文革"结束后经有识之士及热心人指点并协助下，艰难重获祖父遗物的二伯伯，才会在意识到自己失读症日趋严重的某个夜晚，推开我的房门，急切的对我说："快去叫你爸爸来，我要把我爸爸的东西交给他的孙子保管！"。

幸好，几近失语的二伯伯脑回路奇清。祖父的遗物由我暂时代家族守护。相信它会形同它本身的价值，成为整个民族的记忆。

是的，读者诸君眼前的这部书，"史实"属于"首位徒步环游世界的旅行家"我爷爷潘德明，而描述使然的细碎过程，是与潘德明一脉相承的嫡孙——潘溯。

如果想要使吞药片变得舒畅点，喝水是个好办法！《我的祖父潘德明》大抵就是一杯潘氏祖孙嫡传的纯天然矿泉水。

第一章　我所了解的潘家的历史

1. 红帮裁缝

民国七年（1918年）十月的某一天清晨，伴随一声粗亮的命令："你去巴伦家通知，小巴伦的衬衫下午再来穿穿看。"同样，嘹亮的男童音回了声："哦！"湖州一个普通裁缝家庭的生活自忙碌中开始了。

发号施令的是一家之主，年过四旬的红帮裁缝——潘福山，我的太爷爷。应声出门的正是他十岁大的长子潘文希，即读书后启用大名潘德明的我祖父。

左起：潘文希（潘德明）、胡珊枚、潘文保（潘峥嵘）、潘福山、潘冰雪

潘文希从家门出来一路小跑，一盏茶工夫已经到了莫干山脚下的一栋三层高的小洋楼。这栋房子建在一排二层民居楼的对面，此地除了一处基督教堂，这栋小洋房便是最高的建筑了。洋楼的主人是一位名叫巴伦的英国商人。莫干山一带的洋人并不多，但这两处最高建筑的住户——教堂的牧师们与巴伦一家，都是潘福山的老主顾，尤其巴伦家，从老巴伦的西装到巴伦太太的罗裙，凡重要场合的穿着，他们只信任潘福山的手艺。

这一次，巴伦家要举办一场盛大的宴会。为这场宴会，独子小巴伦还缺少一件漂亮的衬衣，为了这件孩童的衬衫，老巴伦提前两周就亲自来找潘福山，一来要给儿子定制衬衫；二来是邀请这位相识近十年的好友一家参加下个月他们的家宴。潘福山与老巴伦年龄相当，他们的儿子又是同年出生。清宣统元年（1909年），老巴伦举家搬来湖州，小巴伦与小文希刚出生不久，因两家都在同一所教堂做礼拜而彼此相识。从潘福山的夫人胡珊枚那里，巴伦太太获得了许多育儿经验，因为在文希之前，潘家已经有一位年长两岁的大姐姐潘冰雪。

小巴伦与文希是最好的玩伴，小巴伦的中文与文希不相上下，文希的英语与小巴伦也是不相上下，两个孩子生性都是天不怕地不怕的混世魔王。但一物降一物，能同时降住两位魔王的，竟是年长他们两岁的姐姐潘冰雪。文希对冰雪的"害怕"远远大于父母。而小巴伦受文希影响，也对这位中国大姐姐很敬畏，但凡小巴伦在家闹腾得厉害了，巴伦太太会特意去潘福山家请潘冰雪出马。

这一天，潘文希敲开巴伦家的门，巴伦家的仆人泰勒迎文希进屋，完成通知任务后，文希与小巴伦相约先去半山腰游玩，午饭则同去潘家吃，饭后便可试穿新衣。他们的愿望得到巴伦太太允许后，两个孩子便向上山的小道跑去。一路上他们甚至不用说话，只要感到其中一人加快速度，另一人必定会全力赶上。这种没有起点的跑步比赛随时都会发生，而终点即便不商量，两人也会如同商量过一般在某棵树或某快大石头前停下。不等喘口气，输了的那位忽然拔腿便跑，另一位又立即效仿。

不知是经过了几局几胜无言的赛跑，两人已经到了莫干山山腰处的一条小溪边。莫干山十月的溪水极为冰凉，但两个孩子丝毫不畏，将鞋袜脱下，卷高了裤脚管，踩到了溪里。

自文希一早出门至将近午时，潘福山一家竟没有任何人想起他来，因为虽然年幼且极调皮，但小文希从未做过一件让家人担心的出格事。对孩子的放心态度，巴伦家也是一样。果然在十二点钟刚过，两个浑身污泥的孩子便走进潘福山家的大门。

潘冰雪闻声走了出来，眼前哪里是两个小男孩，分明是两只野猴子，而且两只猴子手中各持一根两尺长的树枝，想必又是他俩的干将莫邪剑。一见姐姐，小巴伦与文希的面孔忽然都严肃起来，此情此景，甚是好笑。但冰雪知道此刻若对他俩一笑，威望荡然无存，于是瞪眼怒道："果真都是属猴的！滚过来！"

两个孩子听见命令，哪敢有半点迟疑，立即乖乖跟着姐姐走。进到浴室里，冰雪三下五除二地扒掉了小巴伦与文希身上的脏衣服，只剩裤衩时，小巴伦用英国绅士的姿势向冰雪鞠了一躬，正想要开口说什么，可刚说了一个"姐"字，冰雪便打断道："少啰嗦，自己脱了赶紧洗。"边说边把两只大热水瓶里的开水掺进浴缸里半缸事先备好的温水里。其实冰雪在文希离家一个多小时还不见回家时，已清楚预测到午饭前会有两个"泥猴子"回家，因此早就备下了洗澡水。冰雪一手倒热水，另一只手伸进浴缸里试水温，虽然嘴上严厉，但这位姐姐着实是个细腻温柔的小女子。

文希与小巴伦不假思索地跳进浴缸，姐姐放的水，他们从不需要试水温。等站到浴缸里，文希开始扑腾，而小巴伦则一手遮着两腿中间，另一只手挥一个大弧圈，对冰雪行了一礼，冰雪忍不住嘴角扬了扬，却依旧故作严厉地说："你们好好洗！"说罢便转身走出浴室。

等冰雪离开，文希问小巴伦："你比我还怕大姐吗？"

小巴伦道："我不怕。"

文希只顾问完问题后，并不关心小巴伦的回答，自顾自地开始搓澡。

等两个孩子洗漱完毕，潘福山家的午饭便开始了。"食不言寝不语"的规矩在这个中国家庭，是既讲究又不讲究，不讲究是指大人们有时会在吃饭时谈些家常，讲究则是指小孩吃饭时讲废话，会被喝止。饭后休息时，潘家的老佣人陈伯会在一个带有龙头的大茶缸里放上红茶叶，倒入沸水，这缸茶一家人要一直喝到晚上。这时潘夫人会一边喝茶，一边听两个孩子说上午在半山腰玩的经历。冰雪则自己回房间读书去了。

一盏茶后，潘福山在他的工作间给小巴伦的衬衫作最后的调整，小巴伦穿在身上再没有丝毫需要修改之处。下午三点多钟，巴伦太太来接小巴伦回家，见到一身漂亮的新衬衣，向潘福山一再赞美与道谢，提醒了三日后的宴会邀请，便带着小巴伦回家了。

2. 英式晚宴

转眼已是第三日下午，潘福山与小文希早就换上干净的西服，等待潘夫人与冰雪装扮完毕，便要去巴伦家赴宴。

或许任何一个时期女人出门前的精心装扮都是让男士们费解的，

潘夫人胡珊枚与女儿冰雪每每一定会打扮到最后一刻。

我的祖母马球碧曾告诉我，她的婆婆与小姨即胡珊枚与潘冰雪都是极考究的人。潘福山坐在沙发上看报等候。这份耐心也使我祖母马球碧羡慕不已。

潘文希之后还有两个妹妹，由于年纪太小是不能参加家庭社交的，便在家由陈伯看顾，陈伯有个女儿，当时有二十多岁了，时常来潘家帮工。

傍晚五点半，潘福山一家四口如约来到巴伦家，老巴伦领着小巴伦在门口热情迎接每一位客人。参与晚宴的大多是巴伦家的英国朋友，还有教会的牧师与一些中国商人。巴伦太太还在前前后后指挥家里的仆人张罗晚宴的餐食。教堂里给唱诗班奏乐的乐师们很早就各就各位，演奏着平和美妙的西洋乐曲。与潘福山相识的除了巴伦一家，还有牧师老威廉、莫干山基督教堂的布朗嬷嬷、绸缎商人钮老板。见到布朗嬷嬷，文希与冰雪便上前与她拥抱，她既是文希与冰雪的英语老师，又是小巴伦的中文老师，除了语言，布朗嬷嬷也教授科学、地理与艺术。她和蔼可亲，当地每一个孩子都愿意与她亲近。

在彼此相逢的喜悦与客套后，宾客已经全部到齐并纷纷入座。参加宴会的约有三十多人，等大家全都坐定，老巴伦拿起酒杯，自左至右向客人们行了三个礼。此刻相谈甚欢的宾客们渐渐安静下来，老巴伦用英语说道："秋风凉爽，心情欢畅。很高兴各位今天的到来，借着今天的好天气、好气氛，与诸位好友一起祝福我们更好的生活，也感谢我的小巴伦能在这个如此美好的世界出生，为他下周即将到来的生日，提前祝福这个小家伙！"说罢将手中的松子酒一饮而尽。宾客们也纷纷附和，饮下杯中的酒。小巴伦、文希与冰雪杯中的酒，则由苹果汁代替。

等饮完此杯，老巴伦继续道："接着，我要恭祝我的第二故乡，美丽的湖州，变得更加美丽。敬今后的好生活！"顿了顿，将新添的松子酒饮下，又说道："请大家一起享用今天准备的饭食。"边说边朝着牧师老威廉微微一笑。老威廉接过话头，带领赴宴的宾客们一起作了餐前祷告。原本安静的宾客们渐渐敞开了话题，边吃喝，边聊天。巴伦家的客厅其乐融融。

　　若这个世界能真如老巴伦所言一般的和谐、欢乐、平等，或许后来的故事便要更弦易辙了。而当时的民国七年，袁世凯去世，徐世昌掌握实权并出任中华民国大总统。由于徐世昌相对亲英，来华的英国人在那一段时期与中国民众有了五年的融洽期。民国十一年即1922年，直奉大战爆发，徐世昌下台，中英关系微妙转变，次年，老巴伦一家离开了湖州，搬去上海的租界定居。

光绪三十四年（1908年）潘福山一家初到湖州时的合影，
中间的小男孩即潘文希（潘德明）

第二章　潘德明的童年故事

1. 坟地探险

民国十年（1921 年），潘文希已是十三岁的少年，就读东吴第二中学（今湖州二中）。

他和小巴伦于两年前就完成了布朗嬷嬷所在的教会学校的小学课程。同年，他二妹潘耐雪进入教会学习。那时他小妹潘蔼雪两岁，小弟弟文保一岁。文希与文保相差十二岁，同属猴。潘家这一辈人几十年后天各一方，留在上海与我相处时间最多的就是小叔公潘文保，我称他"爷叔大大"；潘蔼雪晚年从美国回到上海，我称她作"娘娘婆婆"。这些称呼完全是我们晚辈孩子自己发明的。

潘文希进了东吴第二中学，功课多了便很少有时间回教堂找布朗嬷嬷聊天或与继续留在教会学校的小巴伦玩耍，但他与小巴伦的感情依旧亲如兄弟。在有限的自由时间里，文希尽情地释放他的顽皮能量，充实他在湖州的童年。

文希爱看小说，尤其是《西游记》。由于职业裁缝潘福山的缘故，不特意学裁缝的儿子耳濡目染，看也看会了。十三岁那年，潘文希用父亲丢弃的碎布，分别做了唐僧、猪八戒和孙悟空的"衣服"，全都是按自己的身材来做，课余时，他便扮演不同角色。这个举动总引来路人的注视，这种瞩目让文希心里很是得意。他并不知旁人眼里的自己多么幼稚与滑稽，扮演孙悟空的时候，文希是发自内心把自己当作真正的孙悟空的。而旁人看他的眼神，在他理解，正是一个凡人见到齐天大圣时应该有的眼神。他扮唐僧时，举手投足之间，俨然是一副得道高僧的模样。这种扮演天赋，不知是遗传家里的哪位长辈，因为祖母告诉我，祖父的长辈中决计找不出这种性格的人来。

这种"天赋"在潘冰雪眼里，是严重的调皮捣蛋！因为文希除了给自己装扮，还裁剪了各种妖怪的行头，分发给他的小伙伴们穿，小巴伦就曾经得到一身由文希亲手制作的蛤蟆精的袍子。由于性格近似，即便是不同民族，这位英国少年仍是真心喜爱这件蛤蟆袍，穿上后便不肯脱下，愉快地当了一个月的蛤蟆精，直到布朗嬷嬷去老巴伦家告状：小巴伦抓了教堂周围数十只真蛤蟆，豢养起来，预备训练一支蛤蟆军队。而他的练兵场则是教堂后面布朗嬷嬷的休息间，文希隔几天会来协助他"练兵"，这让布朗嬷嬷忍无可忍。

而让潘冰雪忍无可忍的是，有一天她醒来时发现，床头那件最心爱的裙子上缝满了类似鱼鳞片一样的碎布，中间的一片布上赫然绣了一个"蟒"字。她暴跳如雷！因为这身蟒蛇精装束必定是他弟弟潘文希的杰作。

浓烈的好奇心与求知欲在潘文希身上特别突出。那年夏天，文希与小巴伦结伴去老家徐家庄一带游玩，当时路过一片坟地，小巴伦忽然加快步伐，文希紧跟在后头，等离坟地稍远时，小巴伦放慢脚步，对文希说道："听刘芬讲过，坟墓里是有鬼怪的，鬼怪会吃我们小孩的。"

文希惊奇道："坟地里的鬼怪是白骨精吗？"

小巴伦说："比白骨精更厉害，因为那不是一只，是好多只白骨精啊。"

文希惊叹："那坟地里有几个坟墓，就有几只白骨精？"

小巴伦转身郑重道："自然不是，布朗媗媗说人死了以后，一个月后就变成了白骨，如果装在精致的棺材里，两个月后才会变成白骨，所以这里超过两个月的坟里都有白骨精。我数了数，教堂后面有五个白骨精，而这里应当有几十个白骨精。"说到后半句时，他不由自主打了个哆嗦，指了指文希的身后。

文希摇头道："不对不对，《西游记》里的白骨精是冤枉死的，所以才能够成精。"

小巴伦思索道："那也是可能的，因为教堂后面虽然有坟墓，但却没听说有小孩被吃掉。可是这里有那么多坟墓，说不定有冤死掉的白骨成了鬼怪！"

文希道："我可从没有见到过鬼，巴伦，你见过吗？"

小巴伦答道："如果我见过，早被吃掉了。快走吧。"说着又加快了脚步。不料文希反而停了下来，巴伦走了几步不见文希跟上，也停下来，疑惑地看着文希。文希道："巴伦，我们一起去看看白骨精吧！当然，等晚上再来。"

小巴伦惊讶道："看白骨精？你是不是疯了？为什么还要晚上来？那我们晚上什么时候来？"虽这么问着，显然也已动心。

文希赶紧道："难道你不想看看鬼究竟什么模样吗？我想刘芬是见过白骨精的，所以她才会同你说。我们一起去找刘芬，问她在哪里可以看到鬼。然后晚上再一起回来看。走！"边说边拖着小巴伦往莫干山的方向去找他说的刘芬。

刘芬是巴伦家对面民房里一户桑农家的女儿，与潘冰雪同岁，比他俩大，不喜欢读书，于是她父母三年前就把她送到潘福山家里学生意。刘芬也不喜欢做裁缝，只坚持了一星期就放弃了，此后她便在家帮大人养桑。每年春天，刘芬都会去巴伦家送桑果，桑叶一小半卖给周围织户，另一半经潘福山的介绍卖给做丝绸生意的钮老板，得个好点的价钱。因此小巴伦与文希都与刘芬家相熟。

下午三点多，两人赶到刘芬家。刘芬恰好在家门口杨树下执蒲扇纳凉，见到两人满头大汗跑来，便举起扇子，对两人各扇了几下风，笑着问道："谁跑赢了？"

文希自动跳过了刘芬的提问，直接问她："刘芬，你见过鬼吗？"

"嗯？"刘芬一愣。

"你是在哪见鬼的？"小巴伦补充。

刘芬满腹疑惑，嘴里却脱口而出道："你们才见鬼了！"

"还没见到！"小巴伦抢答。

"准备今天晚上去见！"文希兴奋道，"刘芬，小巴伦说你见过鬼，是在哪？坟墓里吗？怎样才能见到？"

"我哪里说我见过鬼？"刘芬见两人问得很真诚，也认真答道："我也是听大人说晚上坟墓里会有鬼会出来吃小孩，我也没真见过！"

听了刘芬的回答，文希有些失望，但也心存希望——至少晚上是能看到鬼的！于是三人相约晚饭后一同去大墓地等鬼。可小巴伦想了一想说要问过妈妈。

"那我们现在就去问巴伦太太！"文希有些性急，拉起小巴伦就要走。

刘芬低头沉思了片刻，轻声反悔道："我，我记起来晚上好像还有别的事情。"

女孩自然胆小，文希与小巴伦便不再强求她同去。两人来到巴伦家，将看鬼的计划禀告巴伦太太。巴伦太太听完不假思索，竟很爽快地答应了。于是两个小男孩相约七点钟在莫干山脚下的岔道口集合。

文希回到家，将看鬼的事情悄悄告诉父母亲，潘家夫妇很开明，尤其听说小巴伦的母亲已同意，自然心领神会地同意了。晚饭时潘冰雪放学回家，文希只是专心吃饭，对那看鬼的事情只字不提。

饭后，文希等姐姐回自己房间后，便迅速换上一身孙悟空的衣服，卷起床板上的草席，用绳子捆了，绑在背后。然后蹑手蹑脚地走出家门。一出门，便飞也似地往莫干山脚下的岔道口奔去。

心有灵犀，远远看到小巴伦已经等在岔道口，一身蛤蟆精打扮，背上背了一卷叠成方块的被子，正朝文希挥手，另一只手里揣着两根两尺长的树枝，一根是自己的，另一根给文希。

七点多钟，孙悟空与蛤蟆精组成的小队兴冲冲往坟墓方向进发。

晚上八点半，他们来到了白天路过的墓地。

乡下的墓冢，并没有很整齐的格局，也没有防护栏之类有意地隔出墓园界线。徐家庄的墓地只是一片离村庄农户住所稍远些的矮坡，坡上除了凌乱排放的墓碑，还有一些灌木，因此墓园的视野并不开阔。夹杂着矮树，墓地上竟东一块西一块地种了些蔬菜。不知谁会吃墓旁长的菜，抑或这些菜不是种给活人吃的？

孙悟空与蛤蟆精弯下腰，蹑手蹑脚地进入墓园，月光下，两人的身影像小河虾，躬着身，每走上几步，都要停下来观察四周，再继续前进，像间谍潜入军事要塞执行任务，生怕敌人发现。其实周遭没任何人关心两个孩子在干嘛。除了他俩，坟地不会有别人瞎晃悠。

夏夜，墓地里的蚊子"可吃的"有限，此刻忽有两小孩送上门来，怎舍得放过？文希与小巴伦手中的树枝此刻用来对付蚊子却几乎没有功效，都被咬得满脸是包。文希还把自己发现的秘笈"口水涂蚊咬处可止痒"传授给小巴伦。

两人借着微弱的月光，挨个儿浏览墓园中的墓碑。忽然，小巴伦发现有一个墓碑上写着"陈七皮之墓"，他顿觉这名字很滑稽，哈哈大笑起来。文希闻声过来看，接着问小巴伦道："若这陈七皮有个弟弟，该叫什么名字？"小巴伦当真想起来，继而更加放肆地大笑，墓中无辜的陈七皮莫名被编派了兄弟陈八皮、陈九皮……直到陈十三皮，两人才终于放过了人家。如此这般，两人的"见鬼"变成了"墓园拾趣"，之后的徐老牛、徐果大、胡八瓜、陈万鸡、林布灵等名字把两个孩子笑得在地上打滚。逝者孰知，躺在地里也能给人间带来莫大的快乐。

那一晚上，幽暗的墓园里那阵阵笑声，让文希一辈子难忘。

墓园巡视数圈后，两人依然没有发现鬼。小巴伦率先提出回家，文希却道："可能因为时间不够晚，天不够黑，所以鬼不敢露面，咱再多等一下，或许就能等到。"

小巴伦觉得有理，建议道："我看这林布灵（灵不灵？）老先生的墓里，最最可能会有鬼，咱就守在这里吧！"于是他选好视野，在隐蔽的矮树下蹲好，文希轻轻跟过来，抽出背后的席子铺在地上，两人一同趴在席子上目不转睛地盯着"先父林布灵之墓"。至于为什么林布灵的墓里会有鬼，谁也没有多加讨论。孩童的选择，往往不需要理由。如此盯了半小时，小巴伦打开自己背后背的被子与文希同盖，两个孩子匍匐着身体，盖着被子，只露出两只紧挨着的小脑袋，聊起天来。聊着聊着，困意袭来，不知是谁先一步，双双就在这墓旁沉睡过去了。

也不知过了多久，潘冰雪猛然想起家里缺了点什么——那个最最调皮捣蛋的家伙此刻会如此安静？她问父母后得知弟弟与巴伦去看鬼了，再到文希房间，发现床上的席子不见了，那哭笑不得也让她记得个实在。

听我祖母说，那天文希与小巴伦在墓地里睡了一整晚。清晨时分，有两个来墓园祭奠的村民（一对年轻夫妻）发现林布灵的墓旁有一坨拱起的布团，这布团原本一动不动，待村民走近，小巴伦率先惊醒起身探出头，村民只见一位满头金发，眼放蓝光，身着蛤蟆精袍子的鬼怪忽然"复活"，这一惊非同小可。女村民尖叫："哎呀！"男村民吓得瞪着眼，嘴张得老大，说不出话来。

村民的尖叫声把刚刚走出梦乡的小巴伦吓了一大跳，"哇"的一声，也跟着尖叫起来，并且手舞足蹈。

男村民见这蛤蟆精忽然弹跳起来怪叫，心道："我命休矣！"突觉

潘福山与潘德明、潘冰雪合影

胯间一热，竟然尿裤子了，他嘶声力竭地吼起来："妈呀！"这叫声真叫惨绝人寰。听见叫声，文希也钻出被窝，看到面前情形，以为鬼终于来了，精神大振，起身寻鬼。女村民惊魂未定，又见一只猴妖登场，打了个嗝，直挺挺地倒在地上晕过去了。

男村民见女伴吓晕，求生本能附体，终于冷静下来，但他无论如何也想不明白为何坟地里会有两个妖精小孩？

文希与小巴伦已经完全反应过来，文希本想拉起小巴伦开溜，但

小巴伦要收拾他们的席子被子，终究慢了一拍，彻底回过神来的男村民一手一个，将两个孩子逮住。

最终，七八个徐家庄的村民亲自把孙悟空与蛤蟆精押送回潘福山家，潘冰雪去通知老巴伦与巴伦太太，这一场对老潘家与巴伦家的批斗会一直进行到晚上，最后潘福山留下众人吃晚餐。那一餐自然极为丰盛，周围邻居还以为老潘家有啥大喜之事呢。

2. 拔牙蜈蚣

民国十一年（1922年），为了响应教育部号召增加少儿科学教育，包括东吴第二中学在内的各地中小学校都增设了相关课程。自然科学对十四岁的潘文希有很大的吸引力。教会里也自发开展一些科学"课程"。风潮虽从学校开始，但在校外，各种科学知识成为小孩们热议的话题，自然也有更多的少年去教堂向一些西方传教士问一些科学问题。

这股风潮影响不小，因为科技风潮不止学生间，常常能在教会听到那些传教士议论诸如北京成立了中国地质学会、某某教授从斯坦福毕业回到了中国、某某教授发表了有趣的论文等，即便文希似懂非懂，却对未知事物产生了浓烈的兴趣。

这股风潮在许多老教员的眼里并不美妙。莫姓老秀才在东吴第二中学教了十数年语文，严厉、古板，对此风潮深感不以为然。尤其看不上年轻教员马老师与他的自然科学课。可偏偏校领导安排马老师与莫老秀才共用一间办公室。于是莫老秀才更视马老师为眼中钉肉中刺，寻到机会便要数落对方一番。

有一天中午，莫老秀才下课回到办公室，见到马老师的桌上有一堆石头，便拿起一块来端详，实在看不出有啥名堂，摇头叹道："成何体统！"下午马老师带着这些石头进了教室；数日后，马老师桌上出现数捆树叶，莫老秀才依然端详半天，又摇头道："成何体统！"下午马老师又带着树枝进了教室。莫老秀才虽古板，好奇心并不比少年弱，虽讨厌马老师，但马老师桌上出现的东西，他必定要端看详细，事后装作无事一样。

那年六月某日，莫老秀才照常回到办公室，发现马老师的桌上有一只两个脑袋般大小的黑布袋子，袋口用细麻绳紧紧扎住。莫老秀才本能地嘀咕了一句："成何体统！"然后轻轻提起黑布袋，发现并不沉重，又摇晃了一下，用手指戳了一戳，鼻子贴近嗅了一嗅，似乎有干香菇的气味，耳朵贴近布袋听了一听，听见一些窸窸窣窣的声响。

莫老秀才吃了一惊，干香菇何以会有声响？他又隔着袋子摸索了一番，实在难以控制好奇心，将布袋轻轻放回桌上，悄悄关上门，搬来自己的椅子，在马老师桌旁坐好，卷起袖管，很小心地解开绳结，等袋口稍稍松开瓶口大小的洞，便迫不及待伸了两根手指进去探索。触到之物绒毛细刺，莫老秀才顿感不妙，果然只觉指尖一麻，如针扎般一阵刺痛，赶紧缩手，却哪里来得及？此时袋口豁开，上百只大马蜂从袋口蜂拥而出。

莫老秀才只觉眼前一黑，感到蜂群袭击而来，脸上手臂上撞击感刺痛感络绎不绝。这时他哪里还顾举止体面，连滚带爬冲出房门跑到朝北的走廊里，凄声吼道："杀人啦！杀人啦！"没跑几步，一头撞上墙柱，本来这一撞是要晕过去的，但不知哪里来的力量，莫老秀才浑身如触电般扭动颤抖，双手狂舞，见这模样应当是想甩开身上的马蜂。实际上他一松袋口，那蜂群倾巢而出，十之八九都向南面窗外飞去了，并无几只对莫老秀才感兴趣。此刻正是午休，走廊中来往师生并不少，他们只见到莫老秀才从办公室冲出来，却并未看见马蜂。听他大喊杀人，身边又并无旁人，都道莫老师定是撞了邪，无人敢轻易靠近。莫老秀才年过花甲，却独怕昆虫。平日里见到蟑螂臭虫都迅即跑开，何曾试过这般扑面而来的亲近？扑腾了足足十分钟，才筋疲力尽坐到地上，有气无力地唤了句："大蜜蜂。"周围师生方知他是遇到蜜蜂攻击，于是纷纷上前相助。

那日下午，马老师回到办公室，准备拿上马蜂袋去教室上课。发现黑袋子不见了，莫老秀才也不见了，一打听才知来龙去脉。莫老秀才被蜂蜇伤共十来处，尤其是嘴唇处经蜇咬后，上下唇比原先厚出五倍。于是此事传遍全校。

潘文希以及一众学生，常常在语文课上受到莫老秀才体罚。莫老秀才如得知马老师布置学生课后去采集什么自然标本，定要故意留更多作业，学生们积冤已久。得知莫老秀才受到如此惊吓，大感畅快。

休养了两星期，莫老秀才终于回归课堂。然此番教训使他非但无收敛，反倒更为严厉地动不动就用戒尺打学生手心。对马老师也更为痛恨，只是马老师办公桌上的东西，无论何物，他都绝不再碰。

一天莫老秀才教了一篇长课文，第二天一早要全班默写，限时十五分钟。潘文希班全军覆没，最优者也就默对十分之一。莫老秀才取出戒尺，在讲台后一坐，让学生轮流上前，每人三记重重的手心。学生们心中满是委屈。

又一天早晨，莫老秀才如法炮制，学生们都几乎交了白卷。课后学生都很沮丧，因为心知下午语文课时，定然又是一顿训斥、三记手心。上午最后一堂是马老师的自然科学课，马老师见学生情绪反常，个个无精打采，不知所以，课后照常留下的作业，是让学生们收集蝴蝶等昆虫标本。潘文希一听，觉得报仇的机会来了。

午饭后，潘文希与两三个同学到乡野间捕虫捉蝶，他一心想抓一些长相恐怖的虫来吓唬莫老秀才。寻了很久，在溪边一块大石下面，发现一条半尺长的曙红色肥大蜈蚣。翻开大石的那一刻，着实把自己也吓了一跳。

"就是你了！"文希暗喜，取出小竹桶，把蜈蚣装在里头，心里盘算着合适的机会要将这蜈蚣放在莫老秀才的口袋之中。但转念一想，寻常蜈蚣便属毒物，这条红色蜈蚣定是毒上加毒，弱弱的莫老秀才被这蜈蚣咬上一口，岂不一命呜呼？即便不一命呜呼，毒得痴傻了也是可能的，想到此处，忽觉于心不忍，便想把蜈蚣放走。他刚要打开装蜈蚣的竹筒盖，脑中又浮现出莫老秀才训斥同学，训到半途，手往兜里一探，摸出一条赤红虫，大虫拼命扭动，吓得莫老秀才面无人色，哇哇急叫的画面。若这盖子一开，任那蜈蚣离去，如此精彩的一幕便作泡影了。但让莫老秀才中毒却是绝对不成的，如果有既可怕又无毒的虫子就两全其美了。正矛盾间，忽然心中闪过一念——若把这大蜈蚣去了毒牙，它便不能咬人了，如此莫老秀才就不会中毒。心念已定，文希迅速回到学校，问马老师借来了钳子与镊子，以及一干"手术工具"，马老师只道他是做标本用，也不多问。

潘文希找了学校后面一个僻静的小山坡，见四处无人，便开始了他对大红蜈蚣的手术。他极为心细，那蜈蚣的毒牙被一颗颗取下，力度恰到好处，这蜈蚣也并不凶猛挣扎，转眼工夫，一条极为可怕但无毒无害的赤红大蜈蚣诞生了。

下午第二堂语文课，莫老秀才黑着脸，手里捧了早上的默书纸与一把戒尺走进教室。在讲台上坐定，将默书纸与戒尺往讲台上重重一放，瞪着眼从右至左恶狠狠地扫视了一遍学生，冷冷道："不学无术，成天上山下河，摘花捕虫，如此学习态度，成何体统？成何体统？成何体统？"成何体统四字他一说便是三遍，一遍比一遍语气重，说到最后一遍时，拿起戒尺，狠狠地往那叠默书纸上敲了一下。声音便如衙门的刑杖打在了屁股上，学生们都跟着颤抖了一下，教室里无人敢发出丝毫声响，便是想咳嗽或放屁的，此刻也都牢牢憋住。

果不其然，莫老秀才故伎重施，从第一排同学开始，一个个轮流上台听训，训完便赐三记重重的手心，学生们吓得把手缩进了袖子里。莫老秀才一上手熟练地把学生的袖子往上一捋，迅速拾起戒尺，"啪啪啪"就是三下。威势所迫，学生们虽心里委屈埋怨，但大多连哭叫也不敢，咬牙忍下，因为曾有哭叫的，下场更惨。潘文希眼看快要轮到自己，他打开竹筒盖，取出蜈蚣塞进袖管中，那蜈蚣躲在文希的袖中一动不动。

"潘文希！上来！"莫老秀才向文希挥了挥手中的戒尺，示意他上台。潘文希紧握袖管，大大咧咧走上讲台。

"伸出手来！"莫老秀才叫道。

"莫先生，您不先训话吗？"文希问道，手反而背向身后。

"让你先伸出手来我再训话！"莫老秀才道。

文希依旧把手背在身后，也不理睬，莫老秀才见状大怒，一把扯着文希肩上衣袖往自己近处一拉。文希"哎哟"一声，喊道："莫先生小心，我袖子里有标本功课！"

一听有标本，莫老秀才想到仇人，气更不打一处来，吼道："扯什么标本不标本，成何体统！快伸出手心来！"

潘文希诺诺地伸出手臂，手指依旧紧紧扣住袖管。莫老秀才果然一手抓住文希的手指，另一手去扯他袖子，一扯之下竟没扯动，潘文希又道："莫先生，有功课！"

"有什么功课！"莫老秀才此刻哪里相信什么功课，又用力往上一捋，那大红蜈蚣受到压迫，顿时精神起来，"唰"一下从袖管中窜出，顺着文希的手臂蹿到莫老秀才手上。

可此刻的莫老秀才的反应才大出文希预料，他既不暴跳，也不惊叫，而是实实在在被吓傻了。潘文希也是人生第一回见到完全被吓傻的人是什么模样。

莫老秀才呆望着蜈蚣顺着手臂走走停停渐渐爬到自己上臂，口中呢喃："这一口下去，吾命休矣……"接着像濒死的人一般，两行眼泪顺腮流下，再也发不出一点儿声音来。

潘文希忽动了恻隐之心，觉得莫老秀才好可怜，他赶紧从老秀才手臂上取下蜈蚣，塞进兜里的竹筒中，然后主动把手心展放在讲台上，另一只手轻轻将戒尺递到莫老秀才手中。

莫老秀才下意识接住，心中一愣，似回过神来意识到性命尚在，终于想起了惊叫。

紧接着，暴跳、叫喊、扭动、颤抖……，潘文希原本的预料动作，莫老秀才半分不漏地表现得淋漓尽致。从讲台冲到教室门口，不知何处来的一股子劲，像被狠狠抽了一鞭子的野马，又冲到走廊去，嘴里惨叫道："杀人啦！杀人啦！"

这一回轮到潘文希吓呆了，全班同学先是一愣，随即哄堂大笑起来。哄笑声倒是疗愈惊吓的良药；已经跑出三十来米的莫老秀才，听见教室里的哄笑，愤怒陡然附体，即刻冲回到教室，不等进门便破口大骂："你们这群小猢狲！你们……"

不等后半句骂出来，哄笑的全班同学竟异口同声："成何体统！"

莫老秀才果然后半句是成何体统，可那四个字恰比大伙儿慢了小半拍。他又是一愣，纳闷学生们怎么竟知道自己的后半句，他也来不及细想，进了教室，顿时沦陷在孩子们的哄笑里。

此时的莫老秀才自己也觉好笑，跟着苦笑几声，孩子们见到老师笑了，他们笑得更加放肆了。莫老秀才被笑浪带动着兀自哈哈大笑起来，这笑声在校园里回荡了许久，莫老秀才想阻止："课堂之上，如此哄笑，成何体统。"但一切都被快乐淹没了。

说也奇怪，自那一日后，莫老秀才像是变了个人似的，竟柔和起来，同事们都道是人老了，脾气弱了。若干年后，师生一旦提起莫老先生，印象竟是个温柔慈祥的老秀才。

3. 道场山老僧

民国十二年（1923 年），潘文希十五岁。十五年来，他除了有孩童都有的好奇之外，几乎是无忧无虑。平日里与父母姐弟住在湖州海岛区的居所，到夏天，便举家去莫干山住宅避暑。潘福山的手艺，为这个平凡的家庭创造了舒适的物质基础。

文希和小巴伦中学毕业的那年，老巴伦家决定搬家去上海。这是一个让文希很沮丧的决定。

小巴伦是文希最要好的朋友。巴伦家离开前把在湖州要好的朋友都请来家里吃告别宴。分别那晚，两个男孩子抱在一起痛哭。潘冰雪也默默流了不少眼泪，但即刻擦干了，因为她还有安慰他们的任务。若不是冰雪劝开，两个孩子可能要抱着哭一夜。

文希并非爱哭的孩子，但那夜是他人生初尝分别的滋味。

老巴伦与潘福山也是依依不舍，老巴伦对潘福山道："我的很多生意上的英国朋友都在上海法租界定居了。好在两地并不遥远，福山兄，我会常常与你通信；如果你愿意，也欢迎你来上海居住。我知道你们家是上海人，为什么你不考虑回上海住呢？"

潘福山答道："如果有合适的机会，我也想回上海看看老房子。到时候一定再去拜访。"

老巴伦回忆道："好像听你提起过，你们是上海本土人？"

潘福山说明自己家族是南汇人。老巴伦觉得南汇他恐怕不熟，他说："你们如果想住在租界，我可以给你介绍很舒适的房子。"

潘福山表示自己会考虑的，他向老巴伦道谢。

老巴伦道："我们之间何来谢不谢！对了，你们南汇的房子在哪里？如果我去南汇的话，可以拍点你老家的照片寄给你看啊。"

潘福山表示自己家原本在南汇沈庄的陈家宅，后来老房子没有了，就搬到周浦住过一段时间。

老巴伦说自己记住了陈家宅。接着又打听潘家为什么会搬家？陈家宅的人都是姓陈吗？"

潘福山思索片刻解释说："我们原本是姓陈的，后来陈家有变故，我们就投靠了周浦的外婆家，都随外婆家姓潘了。巴伦，如果你能拍一些陈家宅的照片寄给我，真的非常感谢你。"

潘福山与老巴伦那晚也聊了很久很久，并相约要在上海再见。

巴伦一家离开后，文希变得沉默许多，似乎不再调皮，父母和姐姐都感觉他成熟了。

中学毕业后，文希正式跟父亲学裁缝。他学得很轻松，很快就能帮父亲分担许多重要的生意。潘冰雪暂时离家去南京读经济专业，她常常来信劝文希不要再做裁缝，应当跟她一同读书。文希没想好自己喜欢的专业，对继续读书一事无实际行动。冰雪多次催促，文希只是敷衍说家里生意太忙。潘福山的生意确实兴隆，他也乐见文希做助手，儿子的手艺竟比几个专门的学徒更细致，因此他也不太极力地帮女儿敦促文希出去读书，而是任其自然的状态。潘冰雪不在旁，仅凭信件，威慑力有限。

生意比较空的时候，文希常独自去山间跑步锻炼，跑着跑着，想起小巴伦，总感怅然。巴伦在时他俩总比赛登山，湖州的大小山川，他俩几乎都去登过，原本相约一同去登道场山，但终究未能如愿。

那日，潘文希独自来到位于湖州城南五千米的道场山山脚下，这也是他在全湖州唯一还未登过的山。山上有一座万寿寺，山顶还有一座南宋时建造的多宝塔，那塔七级八面、中空四方。据说登到塔顶，可尽览整个湖州。相传山上之所以有佛寺，是因为开山之祖不是别人，正是那西天取经的唐僧。若是两三年前，小文希定要一身唐僧袈裟来游山，也定要帅蛤蟆精同来在佛寺里惹出不少事端来。如今蛤蟆精不在身边，文希也再无儿时的心性，只叹那情景怕不会有了。

潘文希一路上山，途经伏虎亭、瑶席池、放生桥，一路攀登，来到了万寿寺前。潘家虽属教会家庭，潘福山的禁忌却不多，倒是潘夫人胡珊枚较为顶真，如果知道儿子去佛寺，定会阻止的。因此这番名胜道场山，潘家人都未曾去过。潘文希对宗教信仰不同于母亲那般严谨，对不同教会的差异不甚清楚。

看到雄伟的大雄宝殿，文希只道既然来了总要探个究竟。若被母亲知道了，也只道是用眼睛瞧了瞧，不曾如香客般参拜佛像。文希走进殿内，感受着佛教的气派，觉得比平日里去的基督堂宏伟许多，于是对宗教之事又多了些许的好奇。

殿内除香客外，都是着袈裟的僧人。他琢磨着，这些和尚便如基督教堂的牧师老威廉与布朗嬷嬷吧，肯定也都是博学的人，不知平时是否也能向他们学习。文希边想边穿过一座座佛殿，最后一座是藏经阁。阁里都是各类经书，看守的和尚并不阻挠来客翻阅。文希从书架上取了一本《法华经》翻看，读了几段，觉得难懂，与《圣经》大相径庭，于是向身旁一名小僧提问。那小僧听了问题，便仔细与文希解说，可这解说之言，并不比经书上写的话易懂。文希耐心听了一会儿，知道自己基础薄弱，不是短时间可以学懂的，便学样双手合十，向那小僧鞠了一躬，小僧合十回礼，便离去了。

潘文希将经书放回原处，出了藏经阁，到了一小片开阔地，步入一条直通山顶的小道。抬头见山顶有塔，文希一口气登上山巅，多宝塔便在眼前了，那塔甚为玲珑，塔檐高翘舒展。登上塔顶，文希朝外瞭望，云烟缭绕之下，青松映秀水，翠谷尽收眼底。如此美景，文希心道小巴伦未能同来，甚是遗憾。正出神，身边走来一位白眉老僧，那老僧向文希施了一礼，文希回了一鞠躬。老僧也是来塔顶看景，这塔并不大，若两人同看西侧景色，站得便很近。

老僧见文希目光闪烁，似乎在寻找什么，便问道："小郎，你在寻甚？"

文希闻声看向老僧，想来是在问自己，此刻并无第三人，于是答道："大师父，我在寻我家的屋顶，但是没有寻见呐。"文希不知道凡俗人应当如何称呼出家人，便临时想出叫那老僧为大师父。

那老僧称："我帮你寻寻看，你家住哪里？"

"海岛。"文希顿了顿，又道："还有莫干山。"

老僧"哦"了一声，眯起眼睛望向远处，寻了一会儿，又"哦"了声，仿佛想起了什么，领着文希往左边走了几步，对着南方一处一指，对文希道："你看那边，是不是那里？"

潘文希顺着老僧指的地方望过去，依稀看见一片房屋颇为眼熟，再看一下所指那处周围，果然就是自己家，兴奋地说道："是的！就是那里，那屋顶就是我家！边上是理发店，再旁边是碗店。呐，这是棺材店，后面是礼拜堂。"文希一处处指给老僧看，老僧在一旁笑眯眯地顺着文希所说的地方眺望。

"那莫干山应当是……"文希的目光向西挪了一点，把家作为参照想寻莫干山的位置。

潘文希家所住的海岛区，便是今天湖州市人民广场一带，相距道场山不过五六千米路，站在道场山顶，自是可以寻得到的。而莫干山相距道场山足有四五十千米，便看不到了。

老僧告诉文希，莫干山离得远，此处是看不到的。文希有点失望："可惜塔不够高，如果再站得高一些望得更远，便能看见莫干山了。"

老僧道："站得高自然望得远，但是依旧望不到最远。"

文希回答："是啊，但是如果有望远镜，又站得足够高，那就能看遍全世界了。"

老僧笑道："便是再高的地方，也望不到全世界。"

文希讶异："这是为什么？听布朗嫫嫫说，天文望远镜可以看到月亮上。"

老僧沉吟："即使在月亮上往下看，也看不到全世界，因为地球是圆的。"

"哦！"文希恍然大悟，"光站得高，看到的也是有限的，只有走得远，才能看得更远。"

老僧望着眼前的少年自言自语的总结经验，甚以为趣，感叹道："小郎，多去外面看看吧，我自小出家入山，山里便是我家，如今这把年纪了，塔顶望得见的地方我都去过了，塔顶望不见的地方，我便没有见过了。真想去亲眼瞧瞧，可惜脚却走不动了。"说着指了指自己的膝盖。

潘文希听着老僧的话心里很是同情，心想，小巴伦的老家我听过是什么样，也只是没有亲眼瞧见过。总有许多事，听的时候是这样，亲自去瞧了也许就不是了。那一刻，他想起幼时听人说鬼怪如何如何，亲眼去瞧却言过其实。自懂事以来，奇闻异事听得可不少，可实际上又是如何的呢？文希心底暗暗发愿，终有一日定要将听到的，都亲眼瞧上一瞧。到时候回来再与这位大师父说上一说；或者学会照相，把亲眼看到的都拍成照片，拿给这大师父看看，还要给爹爹姆妈看，再让蔼雪与文宝也一起看看。"

老僧道别下塔去了，文希独自在塔顶思索许久，望着西南莫干山的方向，直到日落。地球是圆的，老僧的话又浮上心头……

4. 十六岁的嘱托

民国十三年（1924年）年初，潘文希十六岁。潘福山去上海谈生意，携文希同往。父子俩提前两天出发，并没有坐船去，而是选择了火车。

爷俩一清早登上开往浦口方向的火车，当时，尚没有直达上海的，要经浦口过江转车才能抵达。两人行李不多，每人一套"出客"衣服加一身便装、几套换洗内衣与四双白布袜子。这毕竟是精通裁缝的父子俩，衣着颇为考究，便装是灰色长衫与织锦缎中式棉袄，各人一顶带绒边的黑色瓜皮帽。有趣的是，父子俩的衣帽除了尺寸不同外，几乎一模一样，就连手里的皮箱也是一大一小同款。任谁一瞧，便知是父子。

下了抵达上海的火车，已经是午后，火车站边上有一间面馆，爷俩点了三碗阳春面，每人一碗半。吃饱后，潘福山与潘文希登上一辆三轮车，行了二十分钟，一路景色，与湖州大大的不同，路边街面有许多商店。行到静安寺时，父子俩下车换乘有轨电车，这是一种缩小版的火车，绿色车身，车头正面像一间方形亭子，亭子顶上有一块凸起的方牌，上面写着"壹路"。进到车里，是木质的座椅与设施，车上的乘客，都是华人，穿着颇考究，中装西装的都有。

潘福山与文希刚上车坐定，车就开了。一路行到外滩后下车游览一番，等夜色降临，在黄浦江边寻了一间西菜社，吃了一餐饭。这餐饭给潘文希留下了很深的印象，因为无论是汤还是肉，都比湖州巴伦家或教会做的"温和"许多，既有西餐的感觉，又有中餐的味道。文希不知这是上海人独特而高明的"迁就"，只觉得行了三百多华里的路，风土便已大大不同了——语调变了、口味变了、节奏变了，就连同一碗红菜汤，换一个地方，做法也不一样了。这种变化是多么有趣味，原本一成不变的生活，随着不停前行的脚步，每走一百里，便有一百里的变化。

那一晚，两父子就近寻了一间旅店住下。第二日清晨，旅店的茶房敲开门，拿了两只装满的热水瓶来替换空瓶，过一会儿，又送来一桶冷水和两碗泡饭，一点酱菜，这一切都计算在房费中。这个不足二十岁，皮肤黝黑，叫小林的上海本地小伙子，一口南汇腔。

潘文希一下就听出小林的口音与父亲的口音相像，他向来只晓得自己家是南汇人，却对南汇一无所知，因为父亲在家很少提起，即便说到也不愿细说。这次来上海之前，潘福山却向文希预告，要带着他去老祖宗的地方看一看。

早饭之后，爷俩向小林打听好去南汇如何坐车，将行李寄在旅店内，带了些干粮便出发了。一番七弯八绕后，近中午时到南汇附近下车步行。

潘福山已经数十年没有回上海，儿时的印象已甚模糊。爷俩一边寻路一边走，路上遇到行人，便打听去陈家宅的走法，约莫走了一个钟头，潘福山终于在一座小石桥的另一端望见了熟悉的房舍。这正是他幼年住过的地方。

潘福山领着文希把陈家宅的整片领地都走了一遍，然后在一条宽敞的弄堂里来回回走了三遍。一路上，潘福山面色凝重，一言不发。最后在一栋三进的大院门口站定，望着紧闭的大门，潘福山却并不敲门，只是指了指宅子，对文希道："你看清楚，记清楚这幢房子了没有？还有刚刚走了三遍的弄堂。"

潘文希有些茫然，回答道："记牢了，但是，"他刚想要问个所以然，父亲掐断话茬，紧接着说道："我们原本是姓陈的。"

潘文希听了并不意外，在刚才爷俩寻找陈家宅的时候，他就已经有过类似的猜测，现在听父亲亲口证实，仍稍感惊讶。但他不再打断父亲的话，听父亲继续说道："这间院子就是我们家以前住的地方，你爹从小在这颗桂花树下白相（玩耍）。"说着往上头探出院墙来的桂花树枝指了指，有意压低了说话声，似乎怕惊扰了院子里的人。

潘福山轻声道："这棵树那时还没有这么高，位置就在这里，这是我的爷爷种的树。"说到此他叹了口气，唤潘文希："我们走吧，边走边说。"说罢他率先走了几步，见文希跟了上来后恢复了正常音量，继续道："我的爷爷是很有本事的人，读书读得好，生意也做得好，以前这里的县太爷和他都是很要好的朋友，唉。"潘福山又叹了口气，说道："但是你的爷爷——我爹爹，就没有那么大的本事了。"

"我的爷爷？"潘文希问道："我的爷爷我从来没有见过。"

潘福山继续道："自然是见不到的，你的爷爷从小娇惯，不好好读书，不肯好好做事情，本来有那么多的店铺……"说话间，爷俩又路过了刚才走了三遍的那条弄堂。潘福山指了指周围的门面，叫潘文希看，然后接着说："看到这些店铺吗，这条弄堂里有一半的店铺都是我的爷爷留给你的爷爷的。"

"哦！"潘文希这时倒真感意外了，问道："那我的爷爷也是厉害的大员外吗？"

"是只知道赌博的大员外。"潘福山讥讽道。

"赌博？"潘文希此刻想起父亲平时凡事都很宽容，唯独对赌博这件事丝毫不能够容忍，哪怕是与赌博稍有沾边的事就会触怒他。想来便有缘故了。

潘福山继续讲："我的爷爷有两个孩子，老大是姐姐，嫁出门了，老二就是你爷爷。后来我爷爷身体不好，那些店铺就留给你爷爷管，你爷爷管不好，生意越做越差。后来你爷爷讨了周浦赵家的姑娘当老婆，就是你的阿婆，你阿婆是读过书的女人，是有本事的。"

"阿婆把生意做好了吗？"文希问道。

潘福山回答："一开始是做得还不错，但生意都叫你阿婆一个人管，你的爷爷一样也不管，还要抽鸦片，你阿婆太辛苦了！幸好当时家里有很多佣人，佣人分担了其他家务。"

此刻，潘文希脑中浮现出了一位勤劳持家的祖母与一位庸碌无为的祖父的形象。心想祖父到底也算有福气，至少可以娶到一个好女子。

"那后来呢？"潘文希接着问。

潘福山继续道："后来我爷爷劝不动他，活活气死了。"说着又长叹了一声，不断地摇着头。

原来潘福山的祖父见到潘福山的父亲娶了赵家的姑娘，甚感欣慰，心想傻人有傻福，儿子虽然无能，但却不做闯祸的事情，平日里最多与一些狐朋狗友小赌一番罢了，况且媳妇聪明能干心肠也好，自己倒是可以放心了。没想到潘福山的父亲后来抽鸦片抽上了瘾。凭陈家的家境，原本抽鸦片也无大碍，动摇不了根基，但自从抽了鸦片后，潘福山的父亲性情大变，不是赌博就是沉醉在毒幻之中，偶尔清醒时，对妻儿甚是不客气。潘福山的祖父深怕儿子如此态度，哪天儿媳妇真要动气了，如何是好啊，于是苦苦规劝，但哪里有半点作用，一切反而变本加厉。久而久之，潘福山的祖父心灰意冷，一病不起，只六十六岁便抱憾而终。

祖父一去世，潘福山的父亲更是肆无忌惮。陈家的生意与整个老陈家族的重担几乎要把潘福山的母亲压垮。无奈之下，就去向潘福山的姑母求助，姑母也没有好的主意，她只是劝说潘福山的母亲要注意自己的身体，不要太操劳，那么些店铺如果实在管不过来，索性完全交托给各个掌柜吧。

潘福山的母亲着实力不从心了，便听了姑子的建议，把大多数店铺都交托给各家的掌柜，如此一来，倒果真轻松了不少，平时只管收取一些店铺租金，生意上的问题不再需自己操持。

那时，有一位老掌柜经营甚是高明，生意也很好，核算之下，他想高价将店铺买下，于是和潘福山的母亲提出买店，却被主人拒绝了。潘福山的母亲认为店铺卖得价格再高，所得也有用完的时候，只有这些店的所有权在自己手中，才是细水长流的正道。

那掌柜的见如意算盘在潘福山母亲这儿不成功，便动心思在潘福山父亲身上。一日送来许多上等鸦片来孝敬潘福山的父亲，并又提出买店的事。潘福山的父亲推说生意上的事情全是妻子管，自己不便做主。

那掌柜见此招无用，只能另想他法。人尽皆知潘福山的父亲好赌，平日与赌友相聚，却赌得不大，为此他总是大呼不过瘾。掌柜心念一转，思忖着去贿赂那些赌友。经过一个多月的联系，竟与那群赌徒建立起交情来。这群赌徒之中有个姓周的，在临近陈家宅的地方有不小的产业，家中铺面颇多，他虽然赌博，但却不似潘福山的父亲那般完全沉迷。

终于有一日，那掌柜的与一众赌友串通，引诱潘福山的父亲随便在自家店铺里挑选一间作为赌注与那周掌柜对赌。周也将自家的一间铺面压在局里，潘福山的父亲起初略有迟疑，经不起赌友一阵撺掇，便答应赌一局。意外的是那一局竟然赢了，毫不费力竟然收下一间店铺，心中大喜，回到家中，向妻子标榜自己不费吹灰之力就为家里作了巨大贡献。

潘福山的母亲问明因果，心中甚是不安，劝丈夫道："今日你赢了，那是侥幸。那输了店铺的老周，回到家中可不知如何交待了呀。"

潘福山的父亲不以为然道："一间店铺罢了，老周也并不伤筋动骨，放心便是。"

尝过甜头后，平日的小赌完全填补不了潘福山父亲的欲望。那老周与掌柜早已定下详细的阴谋，老周出本钱赢来潘福山父亲所有的店铺，与那掌柜二八瓜分。如此那掌柜的"二分"，也有四五间门面，老周再抽出一成来分给其余众赌友。那些个赌友都是荒唐之人，哪里会顾什么交情？

潘福山父亲果然上当。赌局之中，除他之外所有人都串通一气，哪里再有赢的可能，短短半年，将家中店铺输掉了八成。最后一次赌局，潘福山父亲一把就输了三间铺面。被赌友押回家中取房契，潘福山的母亲被迫交出房契后，昏厥倒地。后来请郎中救醒过来，但由于从前的过度操劳与成天的提心吊胆，已是气若游丝，想着唯剩四间由自己亲自经营的铺面，久久回不过神来。

潘福山的父亲经此变故，倒是收敛了一些，暂时不再去赌，有较短的一段时间，对妻子颇为照顾，恐怕此刻他才意识到妻子在家中的重要性。那一年潘福山只有6岁，还有一个8岁大的姐姐。潘福山的父亲刚四十出头，母亲不到四十，看起来却如五十老妪。

眼看着家里的生意逐渐败落，尚存四间店铺，潘福山的母亲病弱，无力再做经营，于是"把店铺交托给伙计，只收房租"，也就是陈家最后赖以生存的根本了。

可惜，赌徒的心理是植于骨髓里的，戒赌不比戒毒易，这两样东西，潘福山的父亲最终一样也没戒掉。他从出生起就是养尊处优，如今家里败落了，四间店铺的租金，三成够家中日常开支，五成够供十几名佣人的薪水，剩下两成还要供他抽鸦片，没有半分多余。女主人倒下了，这一笔笔开支每每要豁边。烟不能不抽，日常家用只增不减，能缩的只有佣人的薪水。如此一来，佣人们也纷纷告辞。潘福山父亲已经无法再维持奢侈的生活，他心里无一刻不想两个字——翻本！

潘福山的父亲被一落千丈的生活冲昏了头脑，他从来未曾真正清醒过，以为自己只是赌运差。所以在他对日子忍无可忍的时候，竟然把最后的四间店铺当赌注，试图翻本。那一晚，他带着四间铺子的房契把老周约到赌坊，不到一盏茶工夫就输得干干净净。老周拿着一叠房契心满意足地回去了，潘福山的父亲傻坐在赌桌前，不敢回家去告诉妻子。他这辈子从未怕过妻子，这是头一回，也是最后一回，他在赌场里呆坐到天亮。旁边知情的不知情的，没有人去劝慰他，也没有人会同情他。

第二天赌坊开门做生意，顺理成章地把这个不再会光顾的客人给轰出去了。

陈家最后的根基，一夜间荡然无存。潘福山的父亲走出赌场，恍恍惚惚回到家中，看到妻子，不等说出一句话来，便"哇"的一口鲜血吐在地上，人便瘫倒下去。家中尚存的两个佣人，尚不知情，急急地出门去寻郎中。潘福山的父亲挪躺到床上，两眼直直看着天花板，一言不发。

见到这番情景，潘福山母亲早已猜到八成，昨夜见丈夫迟迟不回家，就去柜子里寻了一寻，果然不见那四间铺子的房契。如今见丈夫回来，她只冷冷地朝原本存放房契的方向瞧了一眼，长叹了一声，移步丈夫床边，用手轻轻地在他胸前捋抚，幽幽道："家里再没什么东西可赌的了，我反倒是放心了。"

潘福山的父亲此时竟流下了眼泪，断断续续道："你倒安慰起我来，我一晚上在想如何告诉你，告诉你之后要如何安慰你，我，我是想最后博一下的。"

潘福山母亲哀婉道："嗯，我知道你向来总是想得美！赌输了为何还不回家来？"

潘福山父亲回答："我在赌场坐了一夜。"

潘福山母亲心头一热，自从嫁到陈家，每日里都忙前忙后，公公走后，这个家里更是没有人会关心自己，如今家里虽被丈夫败光了，却发现丈夫竟到最后还会在意自己的感受，还为此烦恼了一整夜，倒也算是个有心肠的人了。罢了，嫁鸡随鸡，家败了，重新开始。

人被逼到绝境的时候，反倒能够看见一丝曙光。潘福山的母亲打定主意，只要一家人完完整整，无论如何自己也要把家重新撑起来。想到此处，原本病弱的身子竟好像好了一些。

潘福山的父亲之所以会去最后一博，倒不完全为了重新过上好日子，有一多半原因，是感觉自己活活把妻子逼得病倒，心中甚是愧疚。这一刻，想起多年来妻子忙里忙外，嫁给自己未得半日清闲，明明嫁入富户，却完全没有有钱人家阔太太打打麻将吃吃喝喝的悠闲自在。

而自己仿佛一切理所应当,从未体谅过妻子的操劳。等体会出妻子的好处来,已经酿成大祸,因此想去最后赌一把,若能赢回些许来,要让妻子也过上有钱人应过的生活,自己也决计要把赌戒掉,若是能够,把毒也戒掉。

可事不遂人愿,这最后一把真把潘福山父亲的性命给搭进去了。极度的羞愧与自责,悔恨与绝望如同一把尖刀刺进自己的心头,他脸涨得通红瞪着房梁,脸渐渐发紫,忽然大叫了一声,眼睛像要从眼眶中弹将出来,全身开始抽搐,扑通一下,倒在床上断了气。

可怜潘福山的母亲,几年来每一刻都在挑战她承受的极限。这个坚强的女人,哪怕面对家中的一无所有,仍想着重新把家撑起来,只要一家人完完整整。"完完整整"是她最后能承受的底线了,而老天瞬间把一切夺了去,丈夫终以一种最凄惨的状态,暴死在了自己眼前。

潘福山的母亲安葬好丈夫后,把潘福山与潘福山的姐姐带回了周浦娘家。周浦娘家想要安慰她,却见她如同没事一般,并不表现得如何伤心。这种情绪往往是遇到超越自己承受极限的事,人便不再指望劝慰,每一次劝慰无疑是重提,只会带来剧痛。

周浦娘家的人承诺与女儿一同抚养潘福山与潘福山的姐姐,让她放宽心。可半个月后,潘福山母亲说要再回陈家宅收拾些东西,竟然就一去不返了。巡捕房的人后来通知周浦娘家,说潘福山的母亲在陈家宅一条弄堂尽头的牌坊下上吊自尽了。面对的那条弄堂左右的店铺正是被周掌柜设局骗去的。

自那之后,据说那些店铺无论经营什么生意都很惨淡。知情者说是潘福山母亲的冤魂给施的报应。至于鬼神之说,听听罢了。

潘福山原本名叫陈玫生,他母亲去世后,外公想让外孙和外孙女跟自己姓赵,但主意未定前,有一位算命道士路过家门口,潘福山的外公赶紧拦下道士，询问更改姓氏是否会妨碍风水。那道士掐指一算，对潘福山的外公说道："陈家人是遭难来到你家的，如果跟你姓赵，赵家要有灾难的；如果保持姓陈，这两个孩子世代也是坎坷。我算过了，让他们同外婆家姓，那各方面就都平衡调和，这两个孩了也没有了灾难，外婆本来就是外姓嫁过来的，也牵连不到灾难。"道士走后，潘福山的外公便与妻子商量，让外孙外孙女跟她的姓。潘福山的外婆当然同意，于是此后，潘福山与他的姐姐便跟着外婆，改姓潘了。

潘福山十六岁那年，有一日，外公把他带回陈家宅，领着他在自己女儿上吊的那条弄堂里来回走了三圈，最后站定在陈家院子门前，大声地把陈家亲家公如何威风，家境如何败落等情由详详细细讲了一遍，从中午一直讲到傍晚，从头至尾始终提高着嗓音，陈家宅的居民闻声都凑过来听。讲到最后，潘福山的外公对潘福山嘱托道："如今你十六岁了，是大人了，我把这一切讲给你听，好叫你今后发奋图强，定要把你爹娘手里失落掉的产业重新赎回来，希望你有这个勇气。因为你是唯一的儿子。等哪日赎回来，你哪日改回陈姓，你若赎不回来，也要叫你的儿子、孙子去发奋，哪一代赎回来，哪一代姓回陈，否则没有面目姓陈。"

这一晃几十年过去了，如今潘福山把十六岁的潘文希也带到外公当年与他说这段话的地方，原原本本把事情告知了潘文希。等重复完当年外公的话，潘福山对文希补充道："按我的能力，要买下半条街，赎回祖业，是很难能做到了。今日把这件事交待给你，不是逼迫你去给祖宗赎家产，只是一来告诉你家里的事情让你记得祖宗；二来让你引以为戒，你以及你世世代代都不要赌博。赎家产的事情，你有能力就试试看，没有能力便罢了。"

潘福山讲完话，如释重负。潘文希听了却颇为激动，自告奋勇要把祖业赎回来。对于儿子的决心，潘福山只是微笑着表示"试试看吧"。隔了代，态度早已不如先人坚毅。

说话间，天色渐黑，爷俩原路返回了旅店休息。

5. 定居上海兴顺南里

民国十三年对于潘福山一家来说，是个多事之秋。自三年前直皖战争爆发以来，江浙一带的气氛颇为紧张。而到了眼下，江苏的齐燮元与福建的孙传芳大举进攻浙江，覆巢之下焉有完卵。与湖州城的其他居民一样，潘福山家的日子过得极不太平。

潘福山的夫人胡珊玫在兵荒马乱的环境下，率先提出迁居。可搬去哪里？一家之主潘福山陷入了沉思。

"我们回上海吧。"潘文希建议。他刚和父亲从上海回来，对上海印象很好。也或许是因为除了湖州，潘文希只到过上海，他心里并无别的选择。

潘福山也没有别的选择，上海是他唯一相对熟悉一些的地方。

于是潘福山给上海的老巴伦写了一封信，说明家里的情况，询问老巴伦的意见。

不料，第二天就收到老巴伦的回信，潘福山大感奇怪。拆开信来一读，才知道这封信是一周前老巴伦寄来的，他询问潘福山在湖州的情况，战火是否波及，家人是否平安。此外，老巴伦在法租界为潘福山家物色了三处住所，同样都价值两根金条。潘福山看完这封信，立刻给老巴伦回了一封信。

亲爱的巴伦：

　　在收到你寄给我信的前一天，我已经给你寄出了一封信，信中与今日收到的内容不谋而合，我们恐怕要再次成为邻居了，我们都很高兴。

　　湖州家人尚平安。但今日平安，不知明日是否依旧平安。我们已经作好随时搬去上海的准备：船出发的班次与相帮搬运的人工以及购置新房的金条。等你看到这封信时，我们已经随时可以出发了。

　　你选择的三处住房都在租界，都是可以的，但我与夫人商议，决定选择拉都路、甘世东路的房子。这样免去了你为我们作选择的烦恼。如果时间紧迫，请你代替我与房产人说明我的决定。

　　代我们问候你所有的家人，上海见。

祝你

平安康健

友潘福山

十三，七，十八

　　老巴伦收到信的当日早晨，就询问并确定了甘世东路的房子，随后即刻给潘福山回信。

　　那年夏天，潘福山举家坐船迁来上海法租界拉都路、甘世东路，兴顺南里三十五号。

　　拉都路就是今天的上海襄阳南路，甘世东路就是今天的上海嘉善路，与这两条路交界的，叫雷米路，就是今天的上海永康路。从潘福山民国十三年（1924年）搬迁来到今年2024年，我们家已经在这栋法国人建造、英国人推荐的石库门房子里，整整居住了一百年。

　　听我父亲潘芹生说，他的祖父既潘福山当年搬来时，我们住的这栋楼是这片建筑里建成的第一栋，崭新的，新到什么程度？新到连房门尚未来得及装上，故而倒是很方便搬入家具。当时潘家大部分家具都是湖州老家带过来的，如今在我的画室中，尚留有一件——也是唯一一件从湖州老家带来的家具——十三屉斗立柜。这只木柜163厘米高、43厘米宽、30厘米深；每一个抽屉上都有铜的标签把手，据说这就是当年裁缝放针线用的。这只柜子传到我手里时，当年的铜把手尚留有四只，另有四只较新的铜把手是我父亲一代人装上的，他们兄弟爱在抽屉里放笔墨；还有五个抽屉没了把手，我便从网上购买了类似款式的装上了。原本有朋友劝我把这件家具翻新，换统一的把手，但我没有照做，我就愿意这立柜十三屉三种把手列队，四代人的故事齐鸣，不是很有趣嘛。

搬来上海后，潘文希当天就迫不及待地去老巴伦家寻小巴伦，却不料小巴伦已经返回英国了，那一刻的怅然若失数年后亦挥之不去。此后几年，偶尔他们仍会相互通信。

到上海后，潘福山为长子报读了上海南洋高级商校。潘文希也就此有了学名潘德明，"文希"这个称呼，只在家继续沿用。

16岁时的潘德明

第三章 青年潘德明

1. "先生"与"师傅"

民国十三年（1924 年）秋天，潘福山一家算在上海正式定居了。

潘福山依旧做裁缝，儿女们各自读书，有三个从湖州老家一同迁来的工人，协助胡珊枚一起料理家务。一时间，日子也算有声有色。家人之间关系融洽，只有潘德明与大姐潘冰雪之间，常常闹意见。

姐弟俩的主要矛盾，在于对"先生"与"师傅"两种称呼的迥异理解。

潘冰雪认为，只有读书成绩优异，满腹经纶的人，才配立足于世，受人敬仰。而彼时受人敬仰之人，无论性别，都会被尊称为"先生"。潘冰雪自然是要做女先生，同时要求弟弟妹妹也要做先生。而相对"先生"而言，那些没有文化，没有学历的体力劳动者，则充其量被人称作"师傅"。即便潘家家教见到所有的"师傅"也都必须尊重，但潘冰雪的观念中，相比较而言，"潘师傅"总要比"潘先生"矮去一大截。

潘德明的观念却恰恰相反，他认为"师傅"才是真正有用的人。书生是百无一用的，论实际的生存技能，读书人又怎能和"师傅"们相比？

这或许是潘德明自己厌学的托词。但青春期的叛逆青少年以此与严厉的姐姐唱反调，倒也不失为一个难以辩驳的制衡。潘德明逆反于做"先生"的最大依据，是身为手工艺者的父亲，就是个名副其实的"师傅"。大姐若要争辩，便是看不起自己的父母亲，那可是大大的不孝。

为了一个称呼词，姐弟俩没少互掐。潘冰雪的脾气很强硬，即使在父母面前，只要理在心中，便言之凿凿：对父母亲孝敬是一码事，这一代人要读好书，翻身做先生的道理是另一码事，父母亲也不应当来阻拦。

实际上潘冰雪要说道理时，父母总是愿意听的。因为她确是家里最有主意，读书读得最好的人。

可潘德明也并非是读不好书的人。若他能更顺从一些，潘冰雪与他能相处得非常和谐。可他偏偏就不是个柔顺的青葱少年。一日晚饭，有家人提议恢复"朋文记洋服铺"的招牌。但又觉得此刻虽身在租界，洋服生意终归与经营多年的湖州老家铺子相差甚远。再用"洋服铺"的招牌怕是不妥了。

对于新招牌的事，潘德明一口包揽，说这一件事，交给他来做。

几天后，潘德明扛着新做好的木匾招牌回家了。

等潘冰雪傍晚回到家，这块招牌已经端端正正地钉在了门口，招牌上赫然六个行书大字："潘师傅裁缝店"！

潘冰雪大怒，当着父母，又不知如何对"潘师傅"三字发作。她的父亲是如假包换的潘师傅；潘师傅裁缝店这块招牌可谓既贴切又有亲和力。

事实也证明这块招牌是大有益处的，潘师傅裁缝店的生意往后多年一直是很好。没有这个"师傅"，哪里孵得出"先生"来？

家有如此这般的"女先生与男师傅"的争执，潘德明终没有因玩伴的离开而感到太过失落。他与小巴伦时有通信，会说一些近况与周围所见。小巴伦原本与他同在湖州，所见所闻别无二致，如今一个在上海，一个在异域故乡，截然不同的生活境遇的交流让潘德明对国外的世界无比好奇。作为一个中学生，他既便故意不想做一个未来"先生"，但依旧有着其他同学无法比拟的外语基础。由于对世界感兴趣，对世界上的语言，潘德明也极为热衷，读到某个发音有趣的单词，足以让这个中学生乐呵很久。这是一种怎样的钻研外语状态？我作为外语成绩普普通通的孙辈，总感到既理解又不理解。

除此之外，我的这位祖父也如饥似渴地啃咬着中外地理书籍和世界各国探险家的著作，时不时的两相合一进入到自己的幻想世界。他期待着有朝一日能真的亲自踏足书中描绘的大千世界。

2. 创业快活岭西餐馆

潘德明周游世界的梦想，不知确切是何时正式"种草"的。

可能就如同我自己成为了一个画家，但在幼时饶有兴致翻阅各类画册时，并不是动念自己今后的从业道路。如有人要采访我的心路历程，我断不会俗气地说："从我小时候翻阅各种画册时，就默默下定决心长大后要成为一个画家。"这是不合常理的。一个幼小的心灵不会从一开始就明确一生的抱负。然而，命运是一种很奇特的东西，我幼时还就偏偏不爱看别的，就爱翻画册；祖父潘德明幼时就不爱墨守成规，偏偏对如何探险、如何撞开陌生之门，继而涉足异域求生存，他最有兴趣。

曾有一本创刊于 1927 年的杂志《旅行月刊》，其撰稿人大多是当时享誉文坛的新闻界、小说界乃至政界的风云人物，文章多以游历散文随笔为主，在当时的中国，几乎是时髦人士的拥趸与追新青年们的必读物。当时，出门旅行成为时尚。经济发展带来中产阶层的壮大，包括文化、艺术都契合旅行风潮。

20世纪30年代前后，国内的旅游已初具规模，形成产业；国人开始出国留学、考察与观光。在今天我们所能阅读到的民国时期的散文与小说中，这种爱好旅行的风气比比皆是：张爱玲、郁达夫、沈从文、鲁迅，无不是那个交通并不发达时代的旅行弄潮者。

当时的潘德明正值躁动的青春期，实际家境并不算富裕，无法如富家子弟般想去何处便拿出金钱来轻易地实现愿想，但要出去旅游的念头已开始萌动。潘德明或许就是早期"穷游"观念的发祥者。因为他根据自己当时的现状，设定过两个异域旅行的条件：一是有裁缝的手艺；二是有烹饪的技术。之所以设定这两个条件，是因为在他的观念中，旅行就是衣食住行。有脚便能行，住宿仰大地；而吃穿两样不能张嘴便来、伸手即有，如果自己能有本事解决此两条，即便身无分文，也不致顷刻间威胁生存。

裁缝的手艺，算是老天赐福让他投胎在一个裁缝之家。而烹饪技艺则令潘德明时常在心中作盘算。

巧了，民国十七年（1928年），潘德明二十岁。恰巧随潘福山一家同搬来上海居住的老佣人陈伯的儿子陈宽，来家里看望自己的父亲。

这位陈宽比潘德明年长五岁，随父来上海后，在上海一家饭店里做工，因为勤快，餐馆的账房先生很喜欢他，得空便教他读书写字。

陈宽虽不及正规上过学的有学问，却凭借伶俐的头脑，习得一手好算数，写得一手漂亮的蝇头小楷。他深感自己的本事了得，便琢磨着另起炉灶自己经营一家新的饭店。此刻来找陈伯，便是想找老爸弄一些开店的本钱。而当时的陈伯名义上依然在潘家做长工，实际上自搬来上海，潘家的境况大不如前，但作为老佣人，东家仍给他口安心饭吃，他便如家人般在潘家待下了，工钱是象征性的，求个温饱而已。如今儿子要开店的本钱，他实在是拿不出来的。

陈宽是个温良孝子，很理解他的父亲，于是商量着另作打算。但不料此事入了潘德明的耳朵，他立刻两眼放光。

"那是很好的事情啊！"他陡然出现在沮丧的陈宽面前。"如果缺少本钱，我是可以借给你的，但我要和你一同来做，你看可好？"

潘德明只把陈宽的想法听了个大概，便好像已经作出了决定。

"非但要开饭店，还要把饭店开到最好的地方去，我们要在首都开一家饭店！"潘德明自顾自地激动起来。这种激情果然感染了陈宽，两个年轻人一拍即合，大胆设想，仔细思量。

一旁的陈伯迟疑片刻后，起身推开了潘福山夫妇的房门。开着无轨电车天马行空在畅想的潘德明即刻收声，也盯着事关他命运转折的那扇门。

一盏茶的工夫，面带微笑的潘福山夫妇和陈伯出来了，只见陈伯不住鞠躬道谢，潘德明悬着的心稍稍放下。可随即出现的潘冰雪居然一反常态，竟然对着潘德明来了一句："你干什么对与不对在你，成与不成也在你。希望你真能干成你要干的事。"

潘德明刚要揪起的心松开了，自尊心却又上来了："你是料定我干不成喽？"潘德明听出大姐的口气并不单纯。

"我料我的，你干你的，我自然是盼你干得成事，不半途而废。"潘冰雪答道。

"那你且看我干得如何吧，我认真做，不信有做不成的道理。"潘德明赌气道。

潘冰雪听完难得地收声了，不再与他争执。

事隔多年后，潘德明才知道支持自己去创业的资金，一大半是潘冰雪的，是她让潘福山不要告诉潘德明的。我大姑婆潘冰雪自始至终是一个口硬心软的人，无论争得多凶，"什么叫自己人，什么是正经事"的观念，深深烙印在潘家人的骨血里，这一点直到近百年后的今天，也依旧没有改变。

临别那日，潘冰雪照常出门工作，并没有去送别弟弟。

潘福山夫妇将儿子送出门，关照他路上要小心，千万注意安全，末了没忘记追一句：你姐姐也让你当心身体。"

潘福山举家搬来上海的第三年，武汉国民政府与南京国民政府合并，史称"宁汉合流"。合流后的中国国民党政府正式定都南京。次年，即陈宽来寻潘德明合伙开饭店的那一年，东北张学良通电全国，宣布遵守三民主义，服从国民政府，中国统一。南京成为中华民国首都。

民国十八年（1929 年），潘德明与陈宽启程去南京了。潘德明是第一次离家，去创业的南京城也不过距离家三百来千米，但却觉胸中快意，自此后便是无拘无束了。

从陈宽身上，潘德明学到很多开饭店的知识，两人很快在南京东南大学附近的四牌楼开了一家名为"快活岭"的西餐馆，生意很是红火。当时南京四牌楼一带，是自晚清到民国，南京城最繁华的文化、教育、商业区所在地，是潘德明心中开饭店的最优选。

此时的潘德明已是个二十岁、身高一米七二的大小伙子。他每日西式装扮，认真经营。潘德明竟也很有做菜的天赋，常常同后厨一起切磋；从和一些外国客人的交谈中，依样画葫芦地还原出许多异域菜式。

这些不太正宗的西式菜品的味道在潘德明看来，总是缺少一次真实的验证。于是，他会送给法国人吃一道根据法国客人描述做出来的法国菜，再认真地听法国人的点评；如法炮制，把各国菜端给各国客人点评，而人家客人往往会称赞："潘先生，你真了不起，这个味道已经很像了！"

潘德明绝不满足于"已经很像了"。他要追求"一模一样"，但对于从未尝过"正宗西餐"的潘德明而言，着实就是个梦想了。就像这日复一日的"师傅"生活已逐渐满足不了潘德明，但究竟渴望什么，更想要什么，再模糊，也终于有个东西在心里萌芽了。

在潘德明来南京开饭店的前一年，南京的东南大学就正式更名为中央大学，而早在二十年前的 1910 年，晚清政府就借助南洋劝业会在南京举办了中国历史上第一届"全国运动会"。至此开始，全社会大力提倡学生强身健体，科学救国。到潘德明与陈宽的快活岭西餐馆开业这一年，恰逢附近的中央大学要举办新一届的运动会，潘德明便常常偷闲就去观看。那天，正逢跳高比赛。大学生运动员一个个助跑跳跃，却大抵在某一个高度上就遇到了翻越不了的坎。潘德明眼见无人能破坎，于是候运动员休息时，便心痒难耐地想去试试看。他身穿着西装西裤和背心，脚上蹬了一双擦得锃亮的皮鞋，慢慢地挪向跳杆。这装扮与周遭太格格不入了，跃跃欲试的意图也同样明显，但也无人阻止他。潘德明开始短距离助跑，助跑，奋力一跃！竟然破了跳高纪录。随着他落到垫子上，反弹起的是大学生们热烈且长时间的掌声。

自那天后，快活岭西餐馆的年轻老板有武功的消息便不胫而走。一身正装轻轻一跳就可以破了全国运动会的跳高纪录的潘德明，成了专门拜了隐世的武林高手为师，擅轻功的风云人物。甚至还有"每天餐馆打烊后，要静坐三小时练习高深气功"之类传奇故事加身。实则潘德明只是打小锻炼身体加超级淘气的原因罢了。

一年后的某一日早晨，潘德明一如既往打开店门，花了十多分钟做完开张前的准备工作，泡了一杯老头茶，取了《申报》，坐在靠窗的餐台上读了起来。

忽然，一则报道就如惊蛰炸雷，让蛰伏于四牌楼的潘德明灵魂出窍：

"中国青年亚细亚步行团"七位男女壮士，于昨晨九时，集中北站，身负行装毛毯杂粮水壶油布背囊指南针等另物，各重三十磅，一律着黄呢童子军服，头戴白色铜盆帽……

他们预定的第一期行程是：从上海出发，经杭州、宁波、温州、福清、莆仙、厦门、漳州、汕头、广州、海南岛、越南、泰国、马来半岛、新加坡；第二期行程是：从新加坡乘船至缅甸，经印度、阿富汗、伊朗、阿拉伯等国，到土耳其的伊斯坦布尔；第三期的行程是：从伊斯坦布尔出发，入我国新疆、西藏，经青海、西康、四川、甘肃、陕西，返回上海。

步行团出发前的经费，是由团员们平均负担；出发后的经费，就向社会各界人士募集。步行团的目的是：锻炼体魄，调查各地文化、教育、风俗、古迹，以及各国的经济建设情况和华侨在国外的生活状况。

《昨日亚细亚步行团出发记》报道中详细报道称，这支由八个年轻人组成的步行团励志要用双脚走遍亚洲，他们出发前作出如下宣言：

在历史上背负了五千余年文明和创造的中华民族，在它的悠久的继续发展中间，也产生了不少的冒险家，替我们的历史增进了光荣的材料。不幸到了近世，尤其是当着我们这个政治社会种种设施，尚未全上轨道的的现代，萎靡和颓废，成为青年们普遍的精神病态，一切坚毅有为，勇敢卓绝的伟大雄图，都从我们青年的堕落生活中，被淘汰消灭去了。我们觉得时代的精灵，已在向我们欢呼，我们觉得毫不客气地，把这个伟大的重担，肩起来的时机，是到来了。我们这个小小的集团，虽然人数并不多，财力并不厚，然而我们决以坚毅不拔的勇敢精神，从上海出发，逐步实践我们的目的。在每一步伐中，我们要显出大中华民族历史的光荣，要在每一个步伐中，给社会上以极深刻的印象，一直到我们预定的途程的最终点，谨此宣言。

潘德明在《申报》获悉亚细亚步行团的消息，难抑兴奋地奔跑在大街上，惊起一群白鸽，与年轻的心展翅齐飞（潘溯手绘）

这宣言深深触动了潘德明的心。"情怀"在当年的潘德明心里应该是朦胧的，但"走出去看世界"是他一直以来既神往又不知从何做起的愿望。幼年时起就想出去看看的渴望瞬间被激活了。原本只将旅行视为偿愿的潘德明，第一次意识到"旅行"竟然还能改变国人的精神，让"古老民族在世界面前扬威"。在当时中国年轻人个个都希望为国家民族复兴奉献自己一切的情绪感召下，潘德明多么想追随他们而去啊！

　　这一夜潘德明失眠了，他下定决心要去！这个早已习惯性地锻炼身体，训练语言能力，甚至开创自己第一个事业的取向，都似乎冥冥之中在为今天的决定作背书。他兴奋地起身，端着茶仺立窗前，望着星空下的远方，脑海里浮现出小巴伦一家、布朗嬷嬷，穿梭于当年湖州老家教堂的各种带来新知的外国老者，尤其是眼下餐馆满堂的金发碧眼，他们发散的东西既未知，也涉及异域，而异域究竟如何？不正是他迫切想要知道的嘛？是的！放下南京开的西餐馆，立即去追赶这支步行团！潘德明急不可耐地期待着天亮。

第四章　潘德明准备出国

1. 亚细亚青年步行团

民国十九年（1930年）六月二十八日上午，热血青年李梦生等在上海发起了中国青年亚细亚步行团，当时报名加入的人很多，经过挑选后，及格的仅剩八人。男团员除了李梦生，还有陈悟、黄越、冯冰魂四人，女团员有胡素娟、崔小琼、秋舫三人。他们大多是学生。而此时的潘德明是打定主意要加入这支队伍，这支队伍承载了他的梦想，是他年轻生命激情的出口。

读报道的潘德明知道自己耽搁了报名，他再也无法冷静下来。一大早，潘德明手里捏着一份报纸冲进店堂，恰巧陈宽手里捏着四只刚宰杀的鸡进得店来，见到口中喃喃不停陀螺似在店里打转转的潘德明，满腹疑狐地问道："哪能啦？（沪语：怎么了）"

"哪能？……嗯？"潘德明的嘴在回应陈宽，心里还在想报上的内容。

陈宽莫名其妙，接着说："昨天你说三只鸡不够，我加了一只应当是够用了吧？"

这"具体几只鸡"的发问把潘德明从幻想中拉回："哦！够了，够了，我要先走了。"

"去哪儿？今天星期天啊，店里是一定缺不了人的。"陈宽不解道。

"周六就走了，今天怕已经要来不及了……，我，我先走。店就交给你了。"潘德明依旧自说自话地鸡同鸭讲。

"什么？！店交给我了？"陈宽一头雾水，直愣愣地瞪大眼睛盯着眼前这个他再熟悉不过的、每每事必躬亲的搭档，莫非这家伙在梦游？

看着一脸莫名的陈宽，潘德明终也魂附了体，转而温和地搂着陈宽的肩膀，把《申报》递给陈宽，指着那篇关于步行团出发的报道，对陈宽一字一句地表明："我想要加入这支队伍！"

陈宽这才感到事情的严重，立刻趴在桌上把文章看完。他慎重地抬起头问潘德明："你打算怎么样？"潘德明斩钉截铁地表态："我要去！不管成功与否，我要去试试！"

陈宽慎重地点点头，刚想细细聊聊店的事宜，潘德明一把抢过报纸说："店就交给你了，阿哥，我没有什么不放心的。我再不去买车票，就真要来不及赶上队伍了。"

陈宽刚要起身送送他，潘德明已冲出大门，跑得没影了。

翌日，潘德明登上了南京开往上海的快车。他的思绪随着车轮滚动的轰鸣与节拍，往事再度历历在目。要去的是何方？可不是家，更不是父母的身边，是他连想也想不出个所以然的未知。然而，正是这场向着未知的"行走"，让他第一次意识到他是一个中国男人。

2. 交际博士黄警顽

转眼间，列车停靠在上海，潘德明不由得感慨起两年前与陈宽从这里背着大包小包出发去南京闯荡，那情景恍然如昨，令他唏嘘的同时，不由得盘算起如何与家人述说他的"改弦易辙"；尤其两年前大姐潘冰雪的那句——"我自然是盼你干得成事，不半途而废"。此刻，这话好刺耳，更扎心。

潘德明到了家，姐姐潘冰雪不在家中，他稍感松了一口气。赶紧进屋，立即把步行团的事情禀告给父母。潘福山与胡珊枚向来开明，听到儿子有这个志气，自然立刻就同意了。得到父母的支持，潘德明似乎抢先有了一张王牌，不怕潘冰雪再有什么旁的意见。但他依然是忐忑地收拾行李，暗暗支耳听着大姐回家的动静。

见到潘冰雪，他的第一句话就是："我不是半途而废的人，我会即刻证明给你看。"

潘冰雪听了这句没头没脑的话，先是愣了一愣，随后道："那你此时回来要做什么？"

"我要去参加亚细亚青年步行团！"潘德明边说边把在手里捏了很久的那团报纸递给大姐。

"这又是发的什么痴？你们的饭店呢？"潘冰雪问道。

"饭店，饭店，你先看看报纸。"潘德明回到家后直到等回潘冰雪这几个小时里，的确在想饭店的事，除了眼前的大姐外，没有别人适合替他来善后。只是"善后"两字一时间竟不知道该怎么讲好。

"又是让我去给你擦屁股对吧？"潘冰雪冷冷地道，好像一切早有准备。紧接着潘冰雪就明白了一切，但她依旧是冷冷的："没事，我帮你看几天店等你回来。"潘冰雪居然不假思索地答应下来了。接着道："这种队伍也走不了多少时间，你去你的。我当然还是那句话，盼你能干得成事。"

不知当年的大姑婆潘冰雪是故意激潘德明，还是真的心底里瞧不

家人为即将远行的潘德明准备行囊，兴奋亦不舍（潘溯手绘）

起类似青年热血的把戏，但这几句话，终归还是叫潘德明耿耿于怀。总之，是他后来告诉了我奶奶，我奶奶又告诉我的。而我却感叹祖父的好命，有这样一位貌似疾言厉色实则鞭弩策蹇的姐姐。

潘德明立即开始筹谋如何插队加入步行团，经朋友推荐，他在到上海的第三日，就找到了著名的交际博士，大概就是今天的公关先生，上海商务印书馆的黄警顽。

这一日见到在工作中的黄警顽先生，潘德明开门见山："黄先生，您好！我叫潘德明，我想求您替我介绍加入中国青年亚细亚步行团！"

黄警顽停下手中的工作，上下打量了潘德明，见他年轻魁梧的体格，满面的坚毅，心中顿有好感，于是问他详细的情形。

潘德明说："我一直有一个志愿，想要周游世界。虽然这几日才想明白这叫志愿，但却真是自己打小就一直在琢磨的事情！"这颇为含糊的解释，却打动了黄警顽："好，我知道，你稍等。"

黄警顽说完这七个字，便不多言语，取出纸笔便写。短短三五分钟，一封介绍信已经写就。潘德明接过介绍信，叹服先生的言简意赅，心中感激万分，再三向黄警顽先生致谢。黄警顽先生逐让办公室秘书按步行团行程和时间作了估算，推测此时步行团应当已快到杭州，时间已经刻不容缓。潘德明向黄警顽告辞，匆匆赶往家中打点行装。

第二日一早，潘德明便要坐车去杭州。于是吃晚饭就成了与家人的告别，席间话最多的，自然还是大姐潘冰雪，把潘德明狠狠地数落了一番。潘德明心生抱怨，但还是委婉地说："姐姐，我明日就要离家很久，做自己坚定要做的事，恐怕要隔很久才能再见。"

潘冰雪还是坚持自己的态度："我也不是泼你冷水，但你该记住，玩归玩，也得想想最终的出路。"

潘德明毕竟也不再是懵懂少年，他说："我参加步行团，是雪东亚病夫之耻，是为国争光，不是去玩。"尽管这几句也是这几日的报纸所得，但对他心底里的初衷不失为一次总结。

潘冰雪道："靠什么为国争光？这群人就是借口出去玩一圈，国家指望你们争光，也是难了。"

潘德明道："至少给世界人民看到中国青年的胆量和体魄，我们已经不是吃鸦片时代的了。"

潘冰雪道："你们如果有始有终，那是证明中国青年的胆量与体魄，怕你们是说得响亮，最后却是虎头蛇尾。"

潘德明辩解道："这支队伍都是有理想的有志青年，都是层层选拔后及格的人，我也是有毅力的人，难得有黄先生的介绍信才有加入队伍的机会。他们都是选上去的，肯定个个都要比我强。"后两句还真是他自己的忐忑。

潘冰雪感觉到了，不但没有趁机挖苦，反倒开导起他来："那你加入这支队伍便要好好和那些强人们学学本事。把你的勇气锻炼出来，至少一圈回来也不至于毫无收获。"

潘德明应了一声。

家人一片沉默，个中包含的不舍，潘德明能够感觉到，自己心底里的前途未卜的迷茫，自然也难掩饰。这时，还是潘冰雪的话："你一路注意安全，当心身体，常写信让我们知道你还活得好好的。"这样的关照曾经由父母说过一回，那是他和陈宽去南京创业的道别，而此刻听大姐亲口说出来，潘德明心里甚感温暖。

3. 杭州会师

按步行团的计划，这群年轻人单人负重约十八斤，靠双脚每日行走八十华里（40千米），等于从上海徐家汇步行走到南汇。那时正值盛夏，炎炎烈日让步行团在旅途之初就遇到很大的困难。

潘德明是在杭州追上步行团的。这支团队看到加入者热切的眼神与手中的介绍信，领头的李梦生几乎没有半点的迟疑，立即欢迎新成员的加入。

几乎与此同时，步行团的冯冰魂已经实在坚持不下去，准备离开队伍了。李梦生当时颇为为难，步行团成行不久，正待树立名声，却比预料中更早地出现队员离队，这是很让他沮丧的。潘德明的加入正好填补了冯冰魂的空缺。在这个步行团设计成立之初，每个人的作用是有很明确的分工，有负责宣传与演讲的，有负责记录情况的，有负责团队开支的。一个人的离开非但打乱了步行团的节奏，对外界的影响尤其不佳。因此，即便没有黄警顽先生的介绍信，李梦生也会同意新人加入。此刻的潘德明像拯救这支队伍的新星。

团队的新名单是：李梦生、胡素娟、黄越、陈悟、崔小琼、秋舫、潘德明。（据文献《中华（上海）》考：亚细亚步行团最初出发时的名单中，实际曾有过9位成员，除上述6人及冯冰魂之外，还有王侠魂、邱朗明两位成员．由于祖父潘德明加入时队伍中已经没有该两位成员，而其他报道中也罕有涉及王、邱二人。鉴于上述情况，特此备注以示纪念。）

当晚这个新团队在杭州一起吃了一顿较丰盛的餐饭，算是给新团队壮行。但这一顿壮行饭吃得有点别扭。

当晚，约莫七点钟，七人团队来到计划营地，队员们纷纷从自身携带的行李中取出各种食品。李梦生在路上买了一点做熟的新鲜牛肉与豆腐干，崔小琼、秋舫两位女队员那日显得特别大方，好像把自己所有的食物都贡献给这一餐了。潘德明第一次感到大集体的温暖，可惜也是最后一次。吃饭时，队员们相互作了自我介绍，各自说了参加步行团的动机。这些二十来岁的青年，大多是第一回如此长时间地出远门，稚气未脱，对前途的憧憬是盲目的，对前路的艰巨也是盲目的。凝聚这个团队的精神力量，或许就是李梦生号召成团时那段"时代精灵向我们欢呼"的颇为梦幻的发言。

而这种精神召唤，在步行团顶着炎炎烈日、实实在在行进了数日后，所剩还有几何？李梦生和每一个人心里都是清楚的。只有新来乍到的潘德明没有感觉，所以吃那顿饭时，他笑得最为真诚，其余队员却各怀衷肠。

饭将要吃完时，崔小琼与秋舫表情闪烁、欲言又止，可最后依旧没有说什么，至少潘德明那晚没有什么异样的感觉。

　　第二日队伍出发时，两名女队员不见了。李梦生向潘德明解释说："崔小琼和秋舫毕竟是女孩子，连续几日辛苦，昨晚都病倒了，毕竟身体是最要紧的，以后我们五人要更团结一些。"

　　潘德明当时是新队员，感觉比较迟钝，本也不熟悉两位女性，但他刚加入步行团，队伍便从七人变成了五人。出发前，李梦生重新分配了五人团各自的分工，大家无异议后，步行团重新出发。

前排左起：胡素娟、李梦生、潘德明、陈悟、黄越

第五章　潘德明的亚洲旅程

1. 任务的分配

民国十九年（1930年）八月，潘德明加入队伍已经一个半月了。

五人步行团抵达温州，并准备向福州进发。这一路上他们晓行夜宿，跋山涉水。五个人渐渐彼此熟悉起来。潘德明陆陆续续给家里写过一些信，寄过一些照片；家人得知他路途平安，便很满足了。至

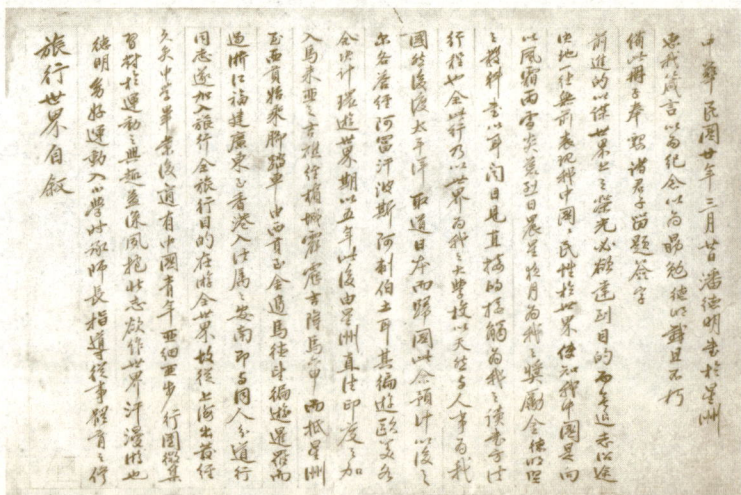

《名人留墨集》汉语扉页

于回信，恐怕根本是不知道该寄往何处，所以没有。

八月十七日，步行团行至福州的第二天下午，潘德明得空给家人写了信：

父母亲：

八月十日离开温州，十六日到福州，路经瑞安县、平阳县，如若从田螯江（离平阳30里）乘轮到福州只有一日。但我们从平阳步行到福州至少要半个月，因为那里有连接五六十里的山路。在山路的途中，土匪也很多。我们在福州，大约要住一星期，就要前进，大约半个月后，可到厦门。你们如若有信可寄到厦门（福建省内）。

福州的马路和市区，和上海差不多，吃的东西也很便宜。稀奇古怪的海货吃了不少。新鲜的桂圆也吃到了。这里用的钱是大洋角子（每元十角）。

我们从前听说温州地方是很苦的，但是到那里，并不见得穷苦。那里的妇女多剪了短头发穿很时髦的衣服，连草屋也不容易看见。

上次写给姐姐的一封信收到吗？

儿文希
八月十七日下午

潘德明写信的频率并不规则，都是恰巧队伍停下休息，他便取出纸笔写一封，看到有邮局的地方，便拿出来寄掉。

在福州时，福州省政府设宴招待了步行团，那日是潘德明第一次与政府里重要的人物合影。这张照片潘德明当时格外珍视，特意把附着照片的信件寄回家中，让家人好好保存，此外，想让大姐看看自己旅行的价值。

步行团的钱既有一定的政府拨款，也有热心人士的捐助。用钱的法子是很公道无私的，每个人都一样，无多少之弊，大家都很满意。且商定等到走完以后，所剩的钱和其他意外收获的东西（一路上总有热心人捐钱捐物），大家同样平分。

我很好奇在没有信用卡的年代，他们随身带那么多现金，是如何确保安全的。

后来仔细研究祖父的信件，发现他们真很聪明，会留足备用金，把多余的钱从当地邮局寄往下一个目的地邮局，等到达下一个目的地时，再去把钱取出来，再留下继续上路钱后，多余部分再继续放进邮局递送。

如此一路，整个国家邮政系统在承担他们的资金保障。这个方法很好地预防了盗贼，直至祖父一个人旅行时，也始终沿用此法。

"八月二十九日"这是祖父记得很牢的一个日子，他后来告诉我祖母，他们步行团行至兴化莆田，就是桂圆的出产地，恰逢桂圆成熟时，价格公道到每斤八分钱。队员们买了许多来吃，都道这一天里吃的桂圆，是小一辈子的总和还要多了。可真正让他们难忘的，是之后同样一辈子没有经历过的便秘。

2. 离开的队友

民国十九年（1930 年）九月十六日，步行团已经在厦门盘桓了近十日，这日一早，便离开厦门往海澄县去了，海澄县政府见到步行团的青年勇气可嘉，特意资助了三十元旅费。

拿到这笔赞助金，步行团的队友们都很高兴，第二日又拐往漳州。

原本漳州并不在步行团的计划内，但由于那里有一个师长，可以多募一点旅费，于是特地去了。

到了漳州，那位师长果然捐助旅费一百元，当地县长四十元，供电局长三十元，这样连同海澄的，一共募集到二百元的旅费。

这原本应当是大大鼓舞步行团的信心的。有钱，步行就能走下去，就能行得更远。但事实并非如此，步行团的黄越与陈悟两位队员，在募到二百元旅费之前就宣告退出了。

原来这一路行来，李梦生与胡素娟、潘德明较为投机，想法与观念相近。相较黄越与陈悟，这三人与那两人就无形中分为了两派。

黄越与陈悟是很会花钱的人，若募到多的旅费，他俩很愿意让旅行变得"滋润"一些。而在李梦生看来，步行团筹集到的每一笔钱，都要花在刀口上，如此便可走得远。是"走得远"好，还是"走得滋润"更现实，双方时常暗中较劲。

终于在某一日，黄越与陈悟决定离开。

黄越是苏州人，那一年，他只有二十四岁。他在家时，时常听人说有某人到南洋娶了一个富家的女儿而发财。他想他自己长得漂亮，口才更了得，参加这种步行团，人家更当他是一个英雄。他从这方面考虑，以为将来有机会做富人家的女婿。此外，黄越还有第二种考虑：他已经发明了两种无线电的机器，只可惜没有资本，所以他想利用这次机会到南洋去演说，募集资金后回国开一家制造厂来专门生产他发明的机器。

黄越想，无论是通过演说拿到开厂的巨额投资，或是成为英雄娶到富家女，只要两桩事情有一桩做成了，人生便足够了。但他没想到的是，步行团竟然如此辛苦，每日里行走在途中，这烈日下的路似乎没有尽头一般，所以他的这两个计划还没走到广东之时，就不打算执行了。

陈悟和李梦生及胡素娟是老乡，他们都是福建人。陈悟与黄越有很多相似之处，也是吃不了苦的人，因此两人连广东也没有走到，便离开了队伍。

这时的步行团，已经不是第一次有队员掉队。李梦生对于这类事情，已有心理准备。往好处想，大浪淘沙，留下来的人，或许才是志同道合的人。

李梦生对潘德明很好，步行团连同胡素娟仅剩下三个人了，原本的工作因人手减少自然更辛苦了。但社会募集，不会因为步行团人变化就少给一点，如此一来，经济上倒是宽裕了。

李梦生关照潘德明，省点，说不定能撑到欧洲去，这句话让潘德明眼睛发光。

步行团剩下三人时的合影，左起：潘德明、李梦生、胡素娟

潘德明的任务除了管钱和记录，他还自告奋勇地担任摄影，这要不惜牺牲，"忍受自己不被拍摄在内"。但潘德明对拍照异常有兴趣，他甚至有点想未来做一个摄影家，既可赚取稿费，又可以获得名声，还能满足自己的兴趣。在此刻，沿途所获就可以寄给各种报刊去发表。想到这些，潘德明就写了一封信给潘冰雪，好叫姐姐了解自己的伟大未来。

步行团是很看重摄影的，在厦门时专门花了 70 元买了一台很好的照相机，甚至还买了一台当时非常高端的可以自拍的照相机。如此一来，潘德明便可入画面内了。

潘德明出国前的肖像照

加入步行团的这些日子里，潘德明确定自己是不怕辛苦的。只要旅费充足，他从来不缺勇气。步行团的经费由外国的步行家单独向中国的机关募捐过，南洋的华侨也踊跃募捐。

转眼已入秋，九月二十七日，步行团抵达汕头，潘德明向家中去信一封报平安：

父母亲：

二十七日早晨到汕头了，路上很平安。大约住三天之后就要到广州那里去，在国外的护照也要到广州去领。下次你们有信可以寄到香港。

在东山的时候有一包照片；在诏安有一封信有没有收到？

天气有点凉，在日里是很热的，晚上是很凉，所以我买了一条绒线衣服。

到了汕头，起先没有地方住，因为各学校已经住满了。所以由市长让我们住在医院里的甲等病室，这倒是很清洁、很有趣的。

祝你们平安康健

儿文希

中华民国十九年九月二十八日

三天后步行团离开汕头，很快就抵达了潮州。三人的步行速度，已非昔日可比。

潮州的天气比汕头热。虽然两地只相隔七十华里（35千米），但汕头沿海，有凉凉的海风。潘德明的身体很好，自出发没生过病，唯独在潮州烂了一回脚。

按如此的行进，半个月便可走到广州，在广州恐怕要耽搁十天，因为要办出国的护照。至于到国外去，是穿童子军服、军官服、中山服、学生服，还是西装，这要问政府。此刻步行团依旧通过邮政局把钱寄来寄去，以防土匪。

步行团行至广州已花了四个月，队伍虽从八人缩减成三人，但社会关注面却越来越大，时有报刊报道他们的动向。

民国十九年（1930年）十月六日，恰逢中秋，潘德明给家中的小妹潘蔼雪去信一封：

小妹妹：

今天是吃月饼的日子，我们买了几个很大的月饼，像平时的八

· 070 ·

月半一样地吃，还照了几张吃月饼的相，等几天寄给你们。

十月二日由潮州出发到梅县经过的路有三百七十余里，那里大多是山路，又有土匪。

大约还有七八天的时候就可以到广州了，你们寄给我的信可以寄到香港。

在潮州的时候寄给你的信有没有收到？

文保这几天读书读得出吗？

下次的信一定要叫文保写。

老大哥
十月六日于梅县

半个月后抵达惠州，又给父母去信一封：

父母亲：

我在汕头、潮州、梅县、兴宁的时候都有信寄给你们，在兴宁有一本小英文字典，你们都收到了没有？那本小字典因为没有好的注音，所以另外买了一本。

十月十一日从兴宁到五华，十二日从五华到何家村，十三日到老龙。路上有的地方是坐轿子的，那里是没有河流的。

在路上我得到几块矿石，过几日之后我就要寄给你们，请你们保存起来。在福州时我们遇到一个教育厅的秘书，他是无锡人，今年五十九岁。在无锡他独自开了一所很大的竞志女学。他小时候和我一样地欢喜到各地去游玩，也藏了八百余种矿石，他也希望我在路上遇见奇异的石头，就把它保存起来。虽然我们不是一个矿学家，也可以给矿学家作标本。石头可以放在玻璃匣子或瓶里，外面贴一张在何地得到的字目，这样日后不致弄错了。

由老龙到惠州（惠阳），经过了龙川县、河源县，还有五天可到广州了。

祝你们平安康健

儿文希

十月十八日于惠州

十月下旬，步行团到达广州。计划摆渡去香港，在香港最多不过住一星期就要到琼州，过了琼州就要到外国去了，第一个外国是安南（今越南）。

潘德明在广州盼能收到家里的回信，可去了邮局四次，始终没有收到家信，他思忖着恐怕是信件在路途中遗失了。几十年前的通信，那距离是真叫距离。

步行团原计划在广州再募集一些旅费，对象是省主席陈铭枢、市长、各厅长等，可不巧他们都到南京参加一个全国性的大会。因此步行团只募集到一百多元旅费。这里面还要拿出六十多元去办理外国领事馆（法、英、荷）的签证手续，这原本是不用步行团出的，无奈市长也去南京了。

有关出国的行头，步行团在没得到政府的明确指示下，就准备做童子军的军装。当地裁缝见步行团要得急，想抬高一些费用，不料步行团里有行家——潘德明出面斡旋，几句话，时间、价格、质地，一切没说的。三个人换上了新行头，跑到当地照相馆拍了个合影，分别寄回家中。李梦生还有意识地寄给了一些报社。

潘德明由于始终等不到家里的回信，心中忐忑，于是又写一封信回去：

……

"下次你们来的信，不知可以寄到哪里，因为我们的行程，还

· 072 ·

没有决定。近这个月内，你们不必写信给我，我可以时常写信给你们，不致使你们太寂寞了。"

或许他自己也不知道，真正寂寞的人，最终正是自己。潘德明出门在外是需要家庭的温暖的，此刻哪怕听听潘冰雪的骂，也是很受用的。

当年的广州有的地方比上海还好，这是潘德明意想不到的。广东全省，不论买东西发工资都是用小洋的，中央银行发出来的钞票，也是小洋；大洋也可以用，不过很少。

广东全省的烟、赌、嫖，是随处随地能见得到，并且是很多的。最让潘德明奇怪的是，这种害人的东西居然都是政府许可的、公开的。鸦片烟馆的招牌名字是很特别的，像什么"谈话处""药膏处""戒烟处"等。

步行团在广州盘桓十三天后，便出发去香港。在香港停留数日后，坐船去了海口。出发前，潘德明又写信给父母：

父母亲：

今天早上十时离开香港，乘船到海口（在琼州），最多住四五天就要乘船到安南的海防，海防是在安南的北方，离河内（东京）半天路程的一个沿海的商埠。

收到了这封信，最好快一点请姐姐写信给我，可以直接寄到：

安南（国名）的西贡邮政总局留交，否则又要隔了很久的时候才能通一封信。

我的英文名字，现在是这样的拼法：PoonJuckming，因为我的护照上，政府里的人给我拼错的，只好将错就错了。（护照是每人一张的）

……

附上二张照片请查收。二张是在香港照的。照相馆内把一张三人合照的相片，放得同人一样大放在橱窗内，他们以为是很漂亮，很时髦的广告品。因为这样才能够显出他们的店大。

别的下次再告诉你们，祝你们平安康健。

儿文希叩
十一月九日早于香港

在香港时，步行团三人的合影，左起：李梦生、胡素娟、潘德明

民国十九年十一月十一日，步行团由香港乘轮船在第二天的中午到了海南岛的海口。

海口就在海的旁边，离开琼州府只有七八里路，交通便利，商业发达。

本来步行团计划到海南岛上去看看黎人，黎人同野人一样没有教育（文字），他们的生活很简单，衣服也很特别，同当地汉人虽然同住在一个小岛上，却是从不交往的。汉人住在岛的四周，黎人住在岛的中央。

潘德明在家信中提到黎人时写道：

"听人说汉人时常欺负他们，因为他们是很愚蠢的。但是黎人是很有信用，天性很纯朴，像太古的时候一样，真不应该欺负他们呀。"

在海口住了八天后的一天中午，有轮船从香港来，这支中国青年亚细亚步行团终于离开中国乘轮船直赴外国了。

3. 热情的华侨

民国十九年（1930年）十一月二十一日下午三点，轮船驶入安南（今越南）海防。

海上颠簸的日子，是李梦生的噩梦。晕船让他首次感到了一丝对前途的畏惧。每日清醒时上吐下泻，吐到筋疲力尽就倒头昏睡，这种昏睡并非平日的睡，是浑身难受将死的感受，近乎昏迷。

潘德明庆幸自己丝毫无感，见李梦生被如此折腾，更觉幸运，冥冥中感觉有一股保佑自己的力量。母亲总是劝他多读《圣经》，多作祷告。平日里不在乎的东西，在这特定时期，就似一根救命稻草，潘德明从船客手里购得一本《圣经》，常常拿来读几段，似乎有了更大的勇气。

在这艘驶向国外的船上，步行团请船主在他们的纪念簿上签字。

潘德明送了一张步行团三人的合影给船主，船主以为是向他要钱的意思，所以就取出了二十元送给步行团。但步行团没有接受，他们觉得尚未远离祖国，无需外国人帮助。

船近岸的时候，他们就见到了许多安南人，穿着很长的衣服（过膝），很小的袖子，牙齿大多是很黑的。黑的缘故是因为吃槟榔（是一种果子），倒不是抽大烟。

当时的安南是法国的殖民地，所以到处都能看到法国的兵士和警察。

天气像上海六月里下雨的时候一样的风凉，步行团队员们都只穿两件单衣，一点也不觉得冷。最好笑的是，昨天船上几个从北方来的客人还穿着皮袍子，可见得北方当时差不多是下雪了。

步行团首次面对异域风情，三个年轻人都觉得很有趣味。

安南有四十万中国人。步行团在路上到处可以遇到中国人，他们大多是广东和福建过来的。李梦生与胡素娟正是福建人，因此虽在异乡，却并无孤独感。

步行团在安南住旅馆是很贵的，连吃饭在内，每人每日需要两元，三个人便是六元。当年安南的钱比上海的钱贵，一元钱可抵一元一角。

步行团一路行来一共募集到一千七百余元，截止到达海防，还剩下五十元。

步行团登岸的时候，有很多人在岸上欢迎他们，因为船上有人打无线电报给海防的华侨，华侨们预备了欢迎会，请步行团吃了一餐广东菜。

当时不论中国还是外国，毕竟穷人比富人多，所以步行团团员的打扮倒很是引人注意。

在海防的第五天，潘德明给父母亲写了离国后的第二封信：

父母亲：

　　到海防已有一星期了，预定明天早晨动身到东京（河内），大约需要二天就可以到了。

　　到海防的第二天（十一月二十一日）写给你们的一封信有没有收到？

　　从国外起写给你们的信是很宝贵的，因为那信封上的邮票和图章，都有保存的价值，所以从上封信起，在每封信的信封上和信纸上都写了号码，这样如果遗失了也可以明白了。

　　这次到海防成绩非常之好。所有的华侨，没有一个不欢迎我们的，送给我们的旅费一共三百二十元，合上海的洋钱是四百四十八元。这个数目可惊吗？

　　在国内一共收到一千七百六十元，到国外的时候，差不多用完了（还有十几元）。因为在广东收到的钱还够用（做衣服取护照132元）。在海防的成绩这么好，以后一定很好，因为海防的资本家很少。

　　看了下面的海防工作就可以知道我们在海防的成绩了。（很简略地写，因无时间）

　　十一月二十日

　　船到海防已下午四时半了，住东京旅店，价甚贵，每天约六元。晚上八时，中华民国海防支党部诸委员及青年会总干事等来旅店座谈。十时欢宴于广东饭店。十二时睡。

　　十一月二十一日

　　上午当地名人来座谈。中午青年会及教育界欢宴（法国菜）。晚旅店休息。

　　十一月二十二日

　　全日走访当地资本家，由支党部常务委员领导，并蒙资助旅费。

十一月二十三日（星期一）

早八时，时习学校开欢迎会。十时，侨英学校开欢迎会。一时，洁贞女学校开欢迎会。二时，党部开欢迎会。四时，棠基学校开欢迎会。晚七时，海防第一资本家谭少苍设席欢迎（中菜西吃）

十一月二十四日

早十时坐汽车游各地名胜。下午二时拜访当地名人。

十一月二十五日

十时参观当地大工厂（是华侨）。下午四时拜谒海防市长（法国人）。

十一月二十六日

上午游玩，下午二时参观牛皮厂、肥皂厂。晚整行旅。十时写此信。

听说明天早晨我们出发的时候，当地的人要很热烈地欢送我们。我们还没有到东京，东京已来电欢迎。因为海防的名人已电东京介绍和招待我们。

国外的华侨很希望中国兴旺，他们就不会被外国人欺负了（重税）。他们看中国青年能做如此伟大的事情，所以非常的快乐。

我的运气很好，不生病，不晕船（李梦生要晕船的），不会不服水土。这不是冥冥中有人保佑我们，所以我听了母亲的话，买了一本《圣经》，作我的伴侣。

人家开欢迎会，我们就免不了要演说，我们一共只有三个人，一个女同志，她不会演说，但是一天有好几场演说，如总是一个演说不是很不好看吗？所以我也演说了，起先觉得很难，后来就很流利了。

我写给你们的信不可以给新闻记者知道，因为将来我们要做一本书。

别的下次告诉你们。

祝你们平安康健。

儿文希
十一月二十六日晚于安南海防

步行团与海外华侨的合影

　　步行团于民国十九年十一月二十八日离开海防，向河内进发，海防各界来欢送者数十人。下午时分，步行团抵达海阳，离河内尚有五十七千米，当日便在海阳的中华商会歇脚。原本计划第二日清早便往河内赶，因本地各界的挽留，于是多耽搁了一日。

　　十一月二十九日午后，河内华侨总代表二人，乘汽车由河内特地赶到海阳来迎接步行团。十日天亮陪同步行团一同向河内前进。那日，海阳的六名华侨竟然一直送步行团至六千米之外。

侨胞们见到来自祖国的青年步行团英姿焕发，并有为中华民族争光而奋发搏击的勇气和毅力，极为钦佩。

　　美国人亚历山大温特（AlexanderWendt）说过，一个国家在生存、独立和经济财富这三种利益之上，还必须加上第四种国家利益，那就是集体自尊。

　　在这些留着中华民族的血液，但身在国外的华人心中，国家利益绝不仅仅是生存、独立、发展、繁荣。在海外的许多华人，并不担心生存，许多人甚至过得富足，但在那个三十年前刚刚经历过庚子赔款的时代，每一个华人的心里最最缺失的就是集体自尊；尊严在他们眼里便是最要紧的国家利益和民族利益。这种尊严必须靠胜利来捍卫！

　　如果步行团能够走完预定的行程，便是一种胜利。这胜利能给中国人，包括海外的华侨带来集体自尊。在这种尊严和荣誉的渴望面前，中国人似不再是一盘散沙。中国亚细亚青年步行团，给华侨们送去的是他们最渴望、最缺失的东西，那便是荣誉。有了荣誉，他们才能真正挺起胸膛来。面对这群年轻人，华侨们真恨不能把心都掏出来。

　　步行团离开海阳的第一天中午，三个人赶路觉腹中饥饿，于是决定紧走两三千米，寻一处树荫下露营，就着清水吃些干粮。连日来受到华侨热情款待，肚中油水充足，吃顿简单的干粮，倒也舒服。

　　正行间，忽闻前方一阵轰鸣，几辆机器脚踏车迎面驶来，到得近前一看，来的有三辆脚踏车，都是矫健的男性，皆华人面孔。他们兴冲冲地停下车，其中带头的一位中年男子率先迎上来自我介绍，称自己是河内华侨体育会的代表，是特意来迎接步行团的。

　　三人甚为欣喜，他乡遇华人，再多也不嫌多。

　　体育会的三位与步行团的三位握手与拥抱，三言两语间似已是老熟人一般。那带头的周姓中年人向同伴点头示意，两个年轻人会意，便率先往前去了。

李梦生等人以为迎接到此完事了，随即向中年代表说道："周先生，您也早些回去休息吧，正午太阳可毒啊。"

那周先生笑着说："不打紧，我们虽比不上三位小勇士，但平日里跑跑练练也习惯了。我与你们一同走。"

这一同走，是要走上多久？难道要一同走到河内？三人暗忖，缓缓同行在去河内的道路上。周先生让步行团把重行李挂到他机器电动车上，自己颇为费力地推着车走，这让三人心里甚是感动。

行了大约一刻钟，就见前方有人向他们招手，正是刚刚离去的两位青年。六人汇合后，两位青年代表把其余四人迎到一片树荫下，原来他们竟是先行一步开路找休息地的。

六人坐定，两个青年从脚踏车上取下几个包裹，打开，里面竟是一个个铁皮餐盒，餐盒里有鱼有肉，在地上铺上席子，摆将开来，竟有十三个菜！

这行到途中有人送餐，真是破天荒的第一次。

吃完这一餐，体育会代表便告辞而去。

下午步行团继续行路，离河内尚有七千米时，河内各界代表五十余人分乘十余部汽车及脚踏车前来迎接，并赠了鲜花。如此礼遇让步行团措手不及。所有来的代表各自下车，随步行团一起步行至河内。沿途观者数千人，欢迎者达三四百人。路上又有河内各女学校的代表送上鲜花致敬。

晚上步行团抵达河内，住宿在华侨俱乐部。

这一日步行的经历有点像在梦中。几个月在内陆走得筋疲力尽时，步行团包括潘德明在内的每一个队员都幻想过有人送来美酒佳肴；也幻想过坚持到行程结束后得到鲜花礼遇。没想到这一切竟那么突然地成为现实，让他们恍若在梦里。

十二月一日清晨，步行团在当地的华侨领袖带领下拜谒了河内市长，一个法国人。他们得到了市长的题字及银质勋章，甚至还派了当地的警队沿途保护步行团。

当日午后，华侨各界开欢迎会，为步行团接风。华侨各界代表参加的有近百人。晚宴就设在河内的东兴酒店，《安南午报》和《安南体育报》均在头版发了消息，也登了照片。

第二日一早，各界的华侨又分乘四辆汽车，陪同步行团游览市井与名胜。晚上三人又被福建同乡会请到东兴酒店。第三日一早又继续去各处游历，中午安南当地的富翁也出面宴请步行团。晚间，前几日路遇送饭的华侨体育会又设正式的欢迎宴。

如此连续三日，昼夜宴庆，步行团在潮水般的热情下，竟有点担心起来。直到第四日，步行团决定尽快离开往南定进军。

去南定路上的第一日午间，南定的代表来送午餐了，往后几乎只要有华侨的地方，步行团便有送来的餐食。

潘德明感慨地在家信中写道：

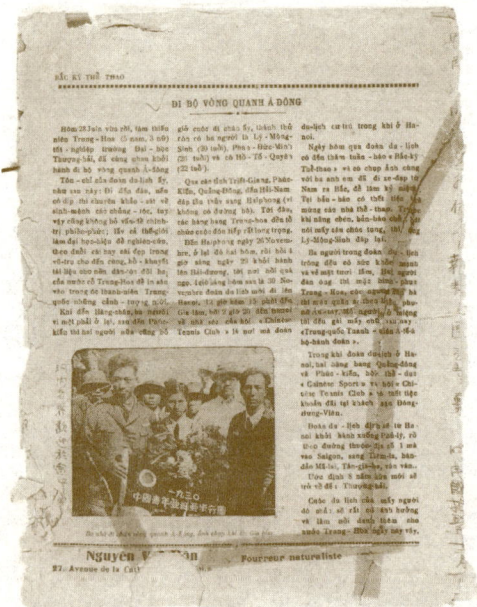

《安南体育报》对步行团受到河内各界欢迎的报道

父母亲大人：

......

今天不知是何工作。

定明天早晨赴南定。昨天中午南定派代表二人来欢迎。想到南定更有热烈之欢迎。

华侨所以如此热烈欢迎者因见中国衰弱，我等又如此勇敢，很为钦佩。

附上《安南午报》一张。

余事后禀，敬祝平安康健。

儿文希

十一月四日早晨于安南河内

五日后（1930年12月9日）又写一封信：

父母亲大人：

六日自河内动身向南定前进，当地华侨各界代表来送行者十数人。另有五人一同步行至南定。晚宿于附里镇。

七日继续前进（共三十二里），离南定尚有二十里，有南定各界代表乘汽车四辆来迎接。十五里时有乘脚踏车三十余部来迎接。五里时有各学校学生及华侨等数百人来迎接并赠送鲜花二把。步行至南定时已晚六时，沿途观者有万余人，这样的欢迎比到河内时还要热烈。当晚宿于华侨俱乐部。

在离南定尚有十五里时，有南定一等安南富翁数人乘汽车二辆，来握手。因为他们在安南报上看见我们的消息，所以如此地欢喜看我们。

我们步行亚细亚洲原定是要吃苦的，哪里知道如此享福？路上有人迎送，路上有人送很好的菜和饭。到了一个地方即有人开欢迎会，天天请我们吃大菜，真真出我们预料之外。

听说我们在河内时，河内各界请我们共三次，总计用了一千余元，因为请一次总有四五十人，又是最名贵的菜。这样的花费我们真不安呀。

此地的天气同秋天一样。

到了一个地方就忙着交际，连写信的工夫都没有了，所以到了三天，今天才写给你们。

还有一个月就可以到西贡了，你们有没有写信到西贡去？

耶稣圣诞没有几天就要到了，我要预备一点礼物送给你们呀。

别的后来再告诉你们。

祝你们平安康健。

儿文希于安南南定
十二月九日

安南一行，知名人士的嘉奖，无数侨胞的热情鼓励，让潘德明的心情难以平静，陷入沉思：旅行生涯还刚刚开始，前途未卜，已经收获到如此待遇，我们怎么能辜负人们的期望？若退却了，失败了，回到家里，休说民族大义难全，便是潘冰雪面前，也是再不能抬起头来的。

那时的潘德明尚无法预测什么困难会妨碍他们走完计划行程，更无法揣度李梦生和胡素娟的心里打算。

那一夜，各自睡下，各自做起自己的梦。

Ngọ-Báo

DIRECTEUR
BÙI XUÂN HỌC

HÀ-THÀNH · MỖI SỐ HAI XU

Một miếng thịt

Tàu Claude Chappe

Ba tay thanh-niên du-lịch Trung-hoa đến thăm NGỌ-BÁO

Một người tưởng họp cướp đàm trùng họp

Mưa ra bàn

Quan Toàn quyền tới Saigon

Cuộc xổ số lần thứ 75

Tự tử

Ngọ-Báo
Thất niên

CUỘC ĐUA XE - ĐẠP LẤY GIẢI ĐỨC-THỊNH

TẠI HANOI VÀ CÁC TỈNH

Một người tòng-phạm

Giải về nguyên quán

Truyền đơn

Niệm nguyệt bị bắt

Truyền - đơn

Bắt được quả tang rải truyền - đơn

Nguyễn-thị Hợi đòi lột áo - đào chồng ?

PHIÊN TÒA XỬ VỤ LÀM BOM Ở NỘI - VIỆN

《安南午报》对步行团的报道

步行团与安南学生的合影

4. 孤独的感觉

　　时间到了十二月中旬，李梦生、胡素娟、潘德明三人行走在前往西贡的路上，潘德明感到自己身上背负着无比巨大的责任，于是有一个想法，一个他认为同行的李梦生和胡素娟一定也会赞同的想法。

　　那日午间，西贡的代表和安南其他地区的代表一样，来给步行团送午餐了，步行团似乎已对这样的情况感到习惯——早晨起来吃完丰盛的早餐；步行到午间，吃当地代表送来的丰盛午餐；然后行至当日目的地，接受当地华侨代表和行政长官的接见；然后轮流对华侨们发表感人肺腑的演讲，华侨、名流以及行政长官们纷纷慷慨解囊；好吃好喝好玩后，拿着巨额的旅费开始下一段循环。

这个循环，至少在安南境内，似不会终止了。

潘德明也要作演讲，一开始，他并没有感到自己讲得有多么感人，但那些华侨的思乡之情，远远超出了潘德明的预料。潘德明说得很寻常的讲词也时常被突如其来的热烈掌声打断。看着台下热烈鼓掌、眼里饱含着泪水的华侨们，潘德明的演说显得更加激动，感受到了步行团的伟大。可到了向华侨们宣讲步行团的计划终点时，他顿感他们三人实际上没有这般了不起，况且华侨们的早晚送餐与接待，简直成了一次享受的旅游，在骗取华侨们真诚的热泪。

于是在去清化的路上，潘德明向来送餐的代表说出了自己心中的计划："步行团会改变行程，不会那么早回国，我们会往埃及走，再往美国去，我们要靠毅力和勇气周游全世界，让全世界都看到中国青年的勇气！"在潘德明的心里，唯有周游世界，才配得上华侨们的期许与热忱。

但潘德明看得出来，代表走后，李梦生的面色很难看。

潘德明试探地问："梦生兄，我刚刚说的计划没有与你们商量好，但我想你们也是赞成的，我们三人不是说过要到美国去的嘛？"

李梦生点头道："去自然是想要去的，但要找到合适的时机。你知道去美国要多少旅费吗？美国的华侨有安南的多吗？"

潘德明愕然道："美国的华侨应该不比安南的多吧。"

"如果没有华侨送餐，如果没有募到足够多的旅费，那我们吃什么，怎么去？"李梦生道，"所以德明老弟啊，你还是欠周全考虑啊！"

潘德明追问道："我们去美国，与华侨送饭有什么关系？从上海一路走来到广州，何时有人来送饭给我们？我们不也走得好好的嘛？"

"那你走你的，我们走我们的！"原本胡素娟一直未作声，此时突然插嘴。

潘德明对李、胡忽然转变态度感到措手不及，尽管看到两人都沉着脸，依然没忍住脱口而出："难道我们不去美国了吗？"

二人不再开口，潘德明一时也不知如何说下去，于是也不再言语。

在极为压抑的感觉中，三人互不言语地走了整整三个小时的路。这时候的潘德明似乎被孤立了。

潘德明的性格向来很倔强，虽然还没想明白这究竟为什么会这样，但若李梦生和胡素娟不率先开口，潘德明不会先与他们两人搭话。

那日晚间，三人来到安南清化，在清化代表组织的欢迎宴会上，三人面和心不和地应对着真诚激动的华侨们。李梦生在席间上台演讲，演讲的内容也只字未提潘德明提出的计划。

在李梦生闪烁的眼神里，潘德明分明看到了当时黄越与陈悟的影子。

潘德明当初是带着崇拜和学习的心情加入队伍的。之后一些队员的离去，潘德明的内心虽也感到失望，却远远不及李梦生一个人的放弃来得让他倍感失落。

潘德明听着身边的欢声笑语，感到了从未有过的孤独，似乎一切都与他是无关的。

宴会结束，宾客纷纷散去，李梦生和胡素娟甚至没与潘德明打一声招呼，便自顾自离开了。

潘德明一个人走出宴会厅，背着行李，那一夜他没有回华侨给他安排的住处，而是独自在清化的街道上漫步。

恍惚中走了很久，他路过一家小酒铺，酒香扑鼻而来。

我曾听祖母说起祖父爱喝酒，时常要喝，却没有酒量。于是每次祖父喝酒时，会取来一个大玻璃杯，在杯子里倒十分之一的白酒，然后掺入十分之九的红茶或白开水。喝的时候，也不需要旁的菜，捧着酒杯可以喝上半晌。

在加入步行团后，潘德明几乎不怎么碰酒，他很严于律己，不愿意喝酒误事。但在此刻，他驻足在这家小酒铺子前，询问店家有没有酒。店家取了一只酱瓷酒杯，倒了一杯安南白酒递给他。潘德明接过酒杯喝了一小口，眉头紧皱。

店家见他的表情，连忙问道："酒不好吗？"

潘德明的眉头皱了很久，直到嘴里的酒味散去些，才舒开眉头道："好喝！太好喝！只是能否有更淡一些的酒，或者给我一些水。"

店家连忙取来一杯清水给潘德明，只见他把一半水掺在酒里，又喝了一口，眉头又紧皱起来，嘴里嘟囔着："好喝，真好喝！"

潘德明喝了整整五杯自己稀释过的白酒，醉得不省人事，倒在酒铺门口呼呼大睡起来。店主见他醉倒，并不意外，熟练地取出一条厚被子，往他身上一盖，便任由他去了。

潘德明睡在铺子外，醒酒时，已是第二日清晨。见到身上的棉被，赶紧起身，把被子叠好，恭敬地还给店家，鞠躬致谢。店家收了酒钱后，又多灌了一小壶"潘德明比例"的酒水，送给他带在路上喝。

离开酒铺，潘德明细数了随身的行李，一切物品都在。此刻他心里明白，往后的道路，没有人会陪他走了。

李梦生与胡素娟若有剩余的体力，或者看在赞助款的份上，也许会再走上一段，但这段路大约是不会长久的。潘德明想，若与他们同行，早晚也要分别，不如此刻就分别吧。

这时候潘德明从背包中翻出那张叠得整齐的《申报》，重读了那段步行团出发前的豪言，心里感慨万千，又想起华侨们的殷殷嘱托，竟忍不住抽泣起来。但很快，潘德明擦干眼泪，胸中已经决定，自己一定要走下去，哪怕死在半路上，也绝不退缩。吃了华侨的饭，拿了华侨的钱，却打退堂鼓，这不是有骨气的人做出来的事。

潘德明写了一张字条：

李梦生先生、胡素娟女士：

自从在《申报》上看见你等组成中国亚细亚青年步行团，立志要肩负雪东亚病夫之耻辱，显示中华民族的伟大荣光，我便对你们的勇气向往不已。那时我并没有你们誓言中的这般伟大情怀，只想跟随你们。后来在安南的见闻，让我理解了步行团誓言中伟大之处，确实伟大。而行伟大之事之人，却委实不够伟大。

这不够伟大者，诸如黄越、陈悟，诸如冯君等，如今，亦诸如你们二人。誓言中提到：萎靡和颓废成为青年们普遍的精神病态，一切坚毅有为，勇敢卓绝的伟大雄图，都从我们青年的堕落生活中，被淘汰消灭去了。如今这句话正可套用在你们身上，我心中感到多么遗憾啊。

如果没有一往无前的勇气，便不敢得到华侨们付出的真实情谊，更不敢拿这些华侨宁可自己苦，也要取来支持我们旅行的钱。你们叫我管钱，我们曾经约定步行团解散之日，余下的钱要平均分。如今我看你们的意思很明白，但是今天，我依旧为你们留下三分之二的钱，但步行团没有解散，我一个人会把步行团的使命完成，非但如此，我要用这笔华侨贡献的旅费，走完全世界。如果我一人死在半路，那我的灵魂便来向那些华侨同胞们请罪。请不要假设我会半路放弃，我绝不会如你们一般，半途而废。

我接着会继续往西贡走，祝你俩好自为之，平安健康。

潘德明

十九年十二月于安南清化

　　他将写完的信委托当地华侨转交给李梦生。

　　民国二十年（1931年）元旦，潘德明独自抵达西贡。

　　西贡是殖民主义者经营的轻工业中心，这时的气候很凉爽，有不少游客被吸引来，也正是商贾云集的季节。

　　潘德明在西贡的邮局取出了当时邮寄的旅费，拿走自己的三分之一后，把余下的钱委托邮政转交李梦生。然后用华侨赞助的这笔旅费，在当地买了一辆英国兰令牌脚踏车。

　　跨上脚踏车，潘德明精神为之一振。这时候距离开家已经半年了，半年里每日步行，受到环境影响的因素很大。所以若要实现更大的志向——周游全世界，那从西贡开始，他便要改为骑脚踏车了。此时的潘德明像骑上战马的武士，开弓已无回头箭，他决心要踏破关山险阻，走遍世界。

　　潘德明沿着公路向西，经鹦鹉洲骑向金边。徒步

脚踏车周游世界

敬赠

潘德明与他的脚踏车

的时候，潘德明一天最多走七十五千米，骑上脚踏车，一天可达一百九十千米。

他一边骑，一边回想着半年来的步行经历，和队友在一起的一幕幕如电影般在眼前晃过。为了实现自己的理想，践行自己的诺言，不辜负大家的期望，他只能前进，绝不后退。

他的环游世界之梦，终于要开启了。

偶然间发现一行村民骑车而过，这提醒了潘德明，买辆脚踏车！亦步亦骑！（潘溯手绘）

附上一封祖父写于暹罗（今泰国）的家信：

父母亲大人：

我于一月十六日到万磅，十七日到抱才。两个都是小镇，但大多是中国潮州人。

　　暹罗的地方有几百万中国人。不论做大生意、小生意都是中国人。暹罗人大多是种田的。

　　这次你们写给我的信，可以用附上的一张信封，一定可以寄到的，最好你们再用双挂号寄，那么一定不致遗失了。

　　自从香港收到你们两封信至今，没有收到过，所以请你们详细地告诉我：

　　南京的店如何结束？

　　你们身体健康吗？

　　家里的生意好吗？

　　姐姐是否在南京铁道部供职？

　　老头子如何了？

　　最要紧的请父母和弟弟拍一张照寄给我，因为姐姐妹妹的照片有了，你们的没有。我很喜欢把你们的照片给人家看，使人家知道我有家庭的，显出我的伟大，最好你们能合拍一张。

　　别的下次告诉你们，祝你们平安康健。

儿文希谨禀

二十年一月十八日于暹罗抱才

　　（吉隆坡是一个大城，我已经写信去通知那报馆了。无论如何我要在那里等你们的信的。比方我到了吉隆坡，你们的信还在路中，那么我可以叫报馆转交到前面的一个地方。预算好的路线，走时常要不同的，因为地图上看不出哪条路好走，哪条路不好走。）

潘德明自己合成的全家福

5. 齐天小圣

李梦生与胡素娟两人，因为和潘德明的意见分歧解散了步行团。祖父孤身一人义无反顾地走上了环游世界的征途。

在之后的孤独环球行程中，语言，就是潘德明与外界交流的最重要的工具。在旅行之前，他曾潜心钻研过外语，也读过大量的世界地理专著和各种旅行书籍，几个月的跋涉，又给他增加了不少知识，让他深深感到语言的重要性。无论是经过喧嚣闹市，还是冷寂山村，或穿越丛林草原、河流沼泽，只要遇到人，潘德明都要认真请教，了解当地的自然资源和风土人情。

途经柬埔寨的金边，准备穿过马德望，因为听说泰国素辇每年要举行赛象盛会，潘德明便从马德望北折，经过柬埔寨西北部的奥多棉吉省，来到与泰国接壤的扁担山脉。扁担山脉虽然只有海拔七百米，但峻拔陡峭、绵延三百千米，南缘更是人烟稀少。

在崇山峻岭中，触目都是柚木、紫檀、黑檀和金鸡纳树等名贵树木。许多参天大树被藤蔓缠绕，抬头不见天日，低首腐茎败叶，铺得足有几尺厚，所以潘德明只得扛着脚踏车，深一脚浅一脚地在密林中艰难行进。

一日，潘德明在林中穿行，忽然"咚"的一声，脑袋瓜一疼，似被什么东西砸到了。那东西从他的头顶弹开，掉在不远处的林地上。潘德明定睛一看，是一枚酷似苹果的小果子。那果子看起来不大，砸落的动静却不小，凭直觉，这果子是从很高处往下"砸"来的。潘德明抬头一看，只见树顶窸窸窣窣一阵骚动，原来是一只野猴子蹿了过去，正停在不远处另一棵树上，与他四目相对。

潘德明揉了揉被砸的脑袋，本来有些光火，但对这动物又发不出火来，便不再理睬，走向前捡起地上那果子，在衣角上擦了擦，咬了一口。这果子酸爽甘甜，恰好解渴提神，不禁心头一乐，哈哈笑道："猴哥猴哥，多谢赏赐！"

那猴子见潘德明走近，便拉着藤蔓荡秋千般地荡向前；潘德明再往前走，猴子就再往前荡……潘德明边走边抬头跟那猴子闲扯："你这是看我孤独陪我走走呢，还是我刚才吃了你的中饭，你后悔了，想要讨还去呢？讨还已来不及了，这果子此刻恐怕已经消化了。"

那猴子像是听得懂人话，聒噪了一番

潘德明当时的留影

后往旁边荡走了。不到几分钟，这猴子又荡了回来，这回潘德明看得分明，那猴子回来时，一只手里分明握了什么东西。

猴子故意放缓动作，等到潘德明走到自己正下方时，"嗖"的一下又抛出一个果子。这次潘德明有了防备，身子一斜，没有被击中，却看到地上又是一枚果子。他哈哈大笑起来："我看猴哥你真是厚道哈，又把果子让给我了！"

潘德明越说越乐呵，边笑边把那果子往嘴里塞。刚咬了一口，差点没有飙出泪来，那不知是什么果子，极苦极酸，刺激得潘德明恨不得立刻把自己的嘴给撕了。

潘德明气得哇哇大叫，那猴子大喜，得意地扭起身体来。潘德明想去追那猴子，可扛着车又如何能追得上树上的野猴？只追了几步，一个踉跄，险些摔一大跤。等他站稳了定了定神，苦笑道："我又何必和你这泼猴计较，与你又能理论出些什么来？怕是我这一路也没理可讲了。"

如此在林中又行一个多小时，那猴子也真是奇怪，始终紧随在潘德明左右，竟久久不离去。潘德明心想，这猴子比人还要记仇，我吃了它的果子，讥笑了它几句而已，用的还是中文，这猴子的外语看来也不赖，这一路上定是想方设法找机会戏弄我，不如让它称心了，好早些放过我。

于是，潘德明停下脚步，把脚踏车靠在一棵树上，坐了下来。他取出一些随身的干粮，放在地上，自己故意背对着食物，侧卧着装睡。

那猴子见潘德明停下，果然也停了下来，站在树梢盯着他看。见潘德明似乎睡着了，于是便大起了胆子，从树上爬了下来，去偷干粮。

潘德明原本计划等那猴子偷了干粮后，故作大吃一惊的窘态，好叫那猴子泄了心头之恨，不再捉弄于他。岂料，那猴子不仅迅速地拿了干粮，还顺手从潘德明腰间摘走了他的铜盆帽。

猴子手抓帽子，不等潘德明反应过来，往他背上狠狠砸了一下，随即就把帽子往自己头上一扣，一溜烟地蹿上树去了。

潘德明的计谋非但没成功，反被猴子给耍了，不仅丢了干粮，还丢了帽子。

"帽子还我！我还要戴呐！"潘德明冲那猴子喊道。

那猴子把那帽子戴得端端正正，俨然它是个旅行家，潘德明倒是个猴子。

看着这野猴的滑稽模样，回想着几分钟的经历，潘德明实在觉得好笑，坐在树底下兀自哈哈大笑起来，笑得停不下来，直到笑出眼泪来，又想起些让他难过的事来，索性是哭哭笑笑，笑笑哭哭，一个人在森林里发泄了好一会儿，累得索性打了个盹。

等他休息完继续上路，发现那猴子还跟着。

潘德明见那猴子似乎不坏，只是顽皮，对自己倒也不至于做出更恶劣些的事来，便索性由它跟着。有这猴子相伴倒还真是解闷不少，本来一路上潘德明觉得孤独了就自言自语，这回至少有个猴听众。

潘德明边走边对树上那猴子说道："猴哥啊猴哥，你是只猴子，不瞒你说，我也不是人，我也是属猴子的。"

那猴子叽叽喳喳的似是回应了几声，潘德明继续道："我从小就喜欢《西游记》，喜欢齐天大圣，你看，今天咱哥俩，像不像是一起去西天取经？那咱俩谁是齐天大圣孙悟空呢？"

那猴子又嘀咕了几声，潘德明道："什么？你是齐天大圣？不行不行，我看你道行是远远不够的，你至多是齐天大圣的跟班齐天小圣。对，齐天小圣！我以后就叫你齐小圣。"那齐小圣似乎也不反对。

这一人一猴，在这广茂的丛林里一走就是三天。这三日里他们互为伴侣，分享野果和干粮。齐小圣也不再戏弄潘德明，分给他的总是很可口的甜果子。夜晚，潘德明爬到树上睡觉，齐小圣就倚在附近的树枝；偶尔还会趁潘德明睡着，过来轻轻挠他几下。

森林的夜晚，既神秘，又恐怖。潘德明为了防备野兽的袭击，在四周燃起篝火。从远处的黑影里，不时传来各种各样令人毛骨悚然的声音，有猫头鹰凄厉的嘶叫，有远处被咬伤的野兽令人胆颤的呼唤，甚至还能不时看到冒着绿光的野兽眼睛。独处于这种境地，智慧和勇气缺一不可！

潘德明把防卫的器械放在身旁，不无心悸地度过进入林海的一个个夜晚。齐小圣似乎真是天赐给他的一个守夜的孙行者。

某天，接近黄昏时分，潘德明和齐小圣正沿着不时有野兽出没的一条小径行走着，突然发觉苍鹰、秃鹫在上空盘旋，乌鸦在鼓噪，他立即警觉起来。他曾听老猎人讲过，凡是密林深处的天空，有苍鹰等猛禽在低飞盘旋，就表明地下有食肉动物在搏斗。

潘德明迅速放下脚踏车，选了一棵笔直的树爬了上去。齐小圣跟在潘德明后头也上了树。

他俩坐在树杈上，潘德明抬右手在额前"搭"了个凉棚遮住刺眼的霞光，齐小圣居然照样学也搭个凉棚，潘德明撇了一眼齐小圣道："你有帽子戴，还用得着用爪子遮太阳？"

一人一猴正打趣着，忽然树下一阵不小的动静，果然出现了一场猛兽殊死的决斗。

在光线幽暗的树丛中，一群狼像一支训练有素的军队，摆开阵势，围捕一头凶猛而肥壮的野猪。被激怒的野猪浑身竖起钢针似的毛，呲牙毫不示弱，它似乎也懂得自己孤立无援。为了摆脱厄运，琢磨着杀出一条血路……野猪和狼相互扑咬、厮杀、嚎叫……足足十几分钟，野猪未能冲出重围，被狼咬得鲜血淋漓，被掀翻在地，发出了可怕的撕心裂肺的哀嚎。狼群一鼓作气，扑上去，野猪终成一顿美餐；苍鹰、秃鹫箭一般地从空中俯冲而下，分享若干以后，便又远走高飞了。潘德明目睹这场惊心动魄的杀戮，不由得联想到贫富悬殊的人类社会，不也是这般的弱肉强食嘛！

在密林中扛着脚踏车的潘德明（潘溯手绘）

6. 佛国

　　潘德明怕在密林中再遇上猛兽，因此在第二天一早，就小心翼翼地选看方位，翻过扁担山，骑车直奔泰国素辇。陪了他一路的齐小圣便在林子的尽头与潘大圣告别。临别之际，他们互赠了干粮与野果。

齐小圣把干粮放在头顶，再戴上潘德明的铜盆帽；潘德明依依不舍地帮它把帽子的绑带按照齐小圣的脑袋大小紧了一紧。戴着合适帽子的齐小圣便转身往树上去了；一人一猴皆是一步三回头，直到再也望不见对方。

潘德明刚到达坐落在丛林边缘的素辇，便遇到一位老华侨，他得知：这儿的赛象盛会，每年都在旱季十一月的第三周举行，居住在这里的库伊族人，是被公认的技艺高超的猎象手和驯象师。

走出树林后，行了不到半日，潘德明来到一座景色宜人的城镇，就是素辇府。这里是暹罗国东北部的一个省份，以其丰富的文化遗产和自然风光而闻名。潘德明面对如此旖旎的异域风情，对暹罗的风土人情充满了好奇。

他推着脚踏车漫步在素辇的乡村，忽听得远处传来悠扬的笛声。寻声而往，眼前是一片片的稻田，稻田的对面有一个安宁的小村落，越是靠近村落，热闹的呼喊声和笛声愈发清晰。

一盏茶工夫，潘德明已经来到喧闹地带。他看到了一幕震撼的场景：一位训象师正在训练一群大象，尘土飞扬。体型庞大的大象们围着一位身穿浅灰色衣裤，正吹奏笛子的中年男子。大象或站立，或坐下，或用鼻子轻轻卷起地上的物什，甚至还能模仿人类的动作，如鞠躬、跳舞，庞大的体型舞动起来竟然异常灵活且温和。它们似乎能听懂由笛声发出的指令。另一边的田野里，三只大象正在如牛一般地耕地，远处又有几头大象正在把一根根巨木轻巧地卷起，整齐地排成一堆。

潘德明被这一幕深深吸引，他走上前去，与灰衣男子交谈。原来这便是素辇的驯象师。那驯象师告诉他，这些大象从小就被训练，它们与人类建立了深厚的信任关系。驯象师强调，他们对待大象就像对待家人一样，给予足够的关爱和尊重。

潘德明了解到，训象在泰国有着悠久的历史，它不仅是文化的一部分，也是当地经济的重要支柱。他感叹当地人本事真大，竟然能驯服比自己大那么多的庞然大物，于是忍不住打探："师傅，不知这些大象如此庞大，你们是怎么把它们捕抓来的呢？"

驯象师答道："我们可没有抓象的本领，只会训练它们。捕象是当地的猎手。"

潘德明道："猎手？那是用枪吗？"

驯象师猜到了潘德明的心思，笑道："您误会了，我们不用枪去伤害它们。这些大象聪明得很，而且会记仇的，若有人惹怒了它们，哪怕十年后再见到这人，象依然会报仇的。"

潘德明笑道："君子报仇十年不晚，这象倒成象君子了！它们在乎自己的尊严，耿耿于怀。"

驯象师点头道："它们有尊严、有力量，忠诚且会奉献，这和我们暹罗人很像。"

1931 年的暹罗，正处于一个动荡的时代，因为受到世界经济危机的重创，生产萎缩，国库空虚。为了应对经济困难，暹罗国王不得不对军队实行裁员减薪，因此激化了社会各阶级的矛盾和不同政治集团之间的矛盾。而暹罗本身受西方思想的长期影响，正从绝对君主制转变为君主立宪制。尽管暹罗的大米、橡胶、锡和其他原料的需求加速了经济发展，但工业水平并没有得到提升，基础仍然落后。在这一时期，中国面临同样的动荡与落后。故而，民族复兴的渴望深植两国民心。

驯象师继续说道："说到捕象，靠猎人还远远不够，还得靠大象自己呢！"

"大象捕大象？"潘德明讶异道。

"那些捕象的猎人，首先把已经训练有素的家象们汇聚在一起，充作'象引'，然后带着它们进森林，遇到林子里的野象时，就把它们包围起来；围久了，野象就会慢慢疲惫并被同化了，这时候我们就可以开始驯象了。"驯象师解释道。

潘德明听得出神，驯象师还给他介绍了赛象大会、大象足球赛、大象拔河等有趣的事，可惜时机不对，潘德明只得望梅止渴，叹自己没有一饱眼福的机会。

东南亚的居民一直把象看作文殊菩萨的坐骑，在暹罗这样的佛国，当地人驯象赛象的同时，也把这些当作祭天告神祈求国泰民安的活动。

在夕阳余晖中，潘德明向大象们告别。这次经历让他对暹罗的文化有了更深的了解，也让他更加尊重和爱护这些智慧而温和的动物。他决定在自己的旅行日志中记录下这段故事，让更多的人了解和欣赏暹罗独特的文化。

潘德明从素辇出发，一路西行，经过呵叻，最终抵达了暹罗的古都大城府。大城府曾是暹罗的国都，繁荣了四个世纪之久，直到1767 年被缅甸攻陷，结束了它的国都史。大城府的遗迹，如同暹罗的历史，见证了曾经的辉煌与苦难。

潘德明心中充满了敬畏。他知道这片土地曾经是佛教的胜地，宫殿巍峨，佛塔庙宇比比皆是。但如今只能在野草藤蔓和残垣断壁中寻觅往昔的雄姿。这种破败衰落的景象，让潘德明想到了自己的祖国，那些名胜古迹同样遭受了战争的破坏。

潘德明没有在大城府停留太久，他继续沿着湄南河南下。湄南河是暹罗人民经济和文化的重要命脉。他看到了河面上苍鹭鸣叫，结队飞翔；椰林翠绿，迎风作响；一座座金光闪耀的佛塔掩映在绿树丛中。

这些景象让他的思绪不由得追溯起五百多年前中国的航海家郑和率领强大的船队七下西洋，为了促进中泰人民的友好往来，曾从湄南河北上，直达当时暹罗的古都大城府。潘德明确实多次看见"三保公庙"都记载着郑和的事迹。

潘德明心想："大凡对人民作过贡献的人，人们是应该永远纪念他的！"

数日后，潘德明骑着他的"坦克"，一身风尘抵达了曼谷。他选择了在华侨区耀华力路的振东旅店安顿下来，住进楼上三号房间。这家旅店虽不豪华，却充满了温馨和乡音，让他这颗流浪的心暂时得到了安放。

《中华民报》的记者闻风而来，报道了这位远方来客的风采，称他"虽满面风尘，两腕黧黑，然精神极佳"。消息如同一阵旋风，迅速传遍了整个华侨社区。当地的华侨们，无论是商铺的老板还是报社的记者都纷纷前来拜访这位来自祖国的游子。

潘德明便从行囊中取出自制的《长途留墨集》，请《中华民报》《国民日报》《华侨日报》的记者以及各界人士为他题字签名。他们纷纷挥毫泼墨，留下了"壮志壮游""乘长风破万里浪""披荆斩棘向前方猛进"等题词，激励着他继续前行。

其中，最让潘德明感动的是一位病泱泱的老侨胞，颤颤巍巍地用瘦骨嶙峋的手写下了"雄飞世界之先驱"，他分明看到老侨胞眼中闪烁着泪花。

夜深人静，潘德明翻阅着这些题词，心中仿佛有一团火焰在燃烧。他感受到了那些漂泊在异国他乡的侨胞对祖国深厚的感情；离家的人更想家，这些飘零者似比任何人都更渴望民族的复兴和强盛！

在曼谷的街道上，潘德明看到了挂着中文招牌的银行、酒楼、饭店、药材店、珠宝店，琳琅满目。特别是在华侨聚居区的耀华力路，街道虽不宽阔，但商店鳞次栉比，一律中文招牌，几家中文报社也在这里。这一切让他感受到华侨对祖国的深情。

中午时分，潘德明正巧碰到华侨小学的学生放学。当看到学生们三三两两地背着书包、勾肩搭背、相互嬉闹的情景时，潘德明想起了自己小时候在湖州和小巴伦及小伙伴们的欢快时光，自己仿佛也回到了儿时。

华侨商店里的主人都着华服，很多卖小吃的招牌上还写明广东、福建、上海等地风味的字样。甚至连刻图章的小铺也是古色古香的中国风格。这一切似乎使他忘记了自己身处异乡。

民国二十年（1931年）一月二十六日，潘德明给潘冰雪写了一封家信：

姐姐：

自从香港到此地，一直没有收到你们的信，不知你们都平安吗？不过一月之后，我一定能够到吉隆坡，我想一定能够见到你们的信。

你收到这封信的时候，如你有回信，那么你仍旧可以写到那个地方。

（附上一张地名）

英属

马来半岛

吉隆坡

罗爷街门牌第七十三号

益群报

熊升初先生请留交脚踏车周游世界潘德明先生台启

如我已经经过了，他们会转寄给我的。

我除了很需要很急地要看你们的信之外，可说精神上很快乐，身体也很康健。

暹罗地方的人，都是吃生水的，一星期之前我也吃生水，虽然吃了没有受到一点影响，但是我很怕将来要生病，我知道生了病是很苦的，虽然有很好的医生。所以我买了一只小的火酒火镭和一只很薄的小锅子。分量不到一磅重，放在脚踏车上一点也不觉得。

一月二十五日我很平安地到阁叻。

这一路经过的大多是小地方，我都住在学校内，吃他们的饭，所以费用很小。我现在有两百多元。我照相机也没有买，因为我很担心将来万一没有的时候，或者要乘船时，留着可用。我已经从银行内汇到新加坡去了，如你们的钱很紧，我可以寄给你们。

别的下次再告诉。

祝你平安康健
弟上
一月二十六日暹罗、阁叻

连日来，潘德明有意识地访问了各华侨报纸以及华人教育机关。"旅泰江浙会馆俱乐部"的王明福整天陪着他观光，热情地向他介绍曼谷的风情、文化和历史。

一天，他们去参观泰国的三大国宝景点，即曼谷城内的金佛寺、玉佛寺和卧佛寺。

王明福告诉他，泰国素有"黄衣佛国"之称，披着黄袈裟的僧侣和金黄色的寺院随处可见。佛教传入泰国已有两千多年的历史，泰国百分之九十的居民都是虔诚的佛教徒。

潘德明感叹道："能够在这里当和尚，确实有福气！"

王明福笑道："当地的每一个男子，一生中至少得有三个月当和尚，这福气是人人都有。"

这座佛国，家家户户都会在晨鼓响起之后，在自家门口放置食品，任由僧侣自便，当然是得来全不费工夫的。王明福介绍道："你知道嘛？泰国僧侣和俗人一样是吃荤的。这和我们中国不同，中国和尚如果吃荤，是要被人讥笑的。以后你到各地参观的时候，需注意严守当地的佛教传统，进入寺庙塔必先脱鞋。在这里，脚底向上或以手摸人家头顶，都是被认为失礼的。咱中国人看见喜欢的小孩，喜欢用手抚摸他们的脑袋，在这里可是不行的。"潘德明点头称诺。

潘德明在王明福的引领下，穿过了曼谷禁城的高墙，仿佛穿越了时空的界限，进入了一座隐世的禁地。大王宫和玉佛寺并排而立，占地辽阔，绿草如茵，鲜花怒放；阳光下金碧辉煌，金光闪烁，铃声作响，宛如仙境。

王明福指着那些高数米的守护神解说道："这些守护神，乃是仿照中国的神像建造，威武庄严，守护着这片神圣之地。"潘德明点点头，似能感受到神像散发出的凛然威仪。

他们漫步于大王宫，潘德明注意到这里的建筑风格与布局具有鲜明的暹罗艺术风格。大王宫不仅是大殿，还有议政厅、会客室、迎宾馆、国王卧室和加冕之地，每一处都透露出王者的气派。

王明福又道："大王宫费时三年建成，后经历代国王的修葺扩建，更加宏伟华丽。"潘德明看到宫里的青花、粉彩、翠绿的中国瓷器和各式景泰蓝花瓶，隐约感觉中泰两国源远流长的文化交融。

在玉佛寺，潘德明见到了暹罗的国宝——玉佛，高二十四英寸，是用整块碧玉雕成的。王明福解释道："玉佛身上披着价值连城的金缕衣，随着季节的不同而变换，每次均由国王亲自动手更衣，以祈求国泰民安。"

潘德明在佛堂走廊上被壁画吸引，神话寓言和历史故事，使他目不暇接。最后，他们瞻仰了佛统府的巨大的卧佛。潘德明深感震动，在奔流不息的历史长河里，两国的联系是如此紧密。

告别了王明福，潘德明独自前往马来半岛。沿途山峦起伏，气候炎热。他一路小心翼翼，每日饮热水、食熟食，坚持做操，以强健的体魄迎接未知的征途。

数日跋涉后，潘德明抵达一处橡胶园。他正欲停下歇息，却见一群灵巧的猴子敏捷地攀上椰树摘椰子，好奇地朝他张望。潘德明担心顽皮的家伙们将椰子当作"炮弹"掷他，于是他驻足静观其变，不敢轻举妄动。

这些陌生的猴子可不是齐小圣，天晓得它们会做出什么出格的事来。

潘德明正踌躇间，一位衣着破旧的似农场工的人缓步走近他，用马来语宽慰他："先生莫怕，这些猴儿听从我的指令，不会伤人的。"言罢，果然见猴群们将椰子投入箩筐，动作干净利落。

猴群如此这般往返数次，农场工便犒赏它们香蕉，猴儿们欢呼雀跃，却又在接下来的哨声中迅速回归岗位。潘德明对此惊赞叹不已，农场工则笑道："猴儿顽皮得很，稍不留神就会偷懒；若食物不够，它们还会闹脾气呐。"

潘德明故作惊讶，以迎合对方的兴致，心中却回想着他与齐小圣共处的时光。农场工继续指着几只健壮的猴子，自豪地说："这些家伙调皮归调皮，干活却卖力得很。它们不仅能在树林里跳跃如飞，还会下水游泳，老猴还带小猴学艺呢。"风趣的谈吐透露出马来人的热情与真诚。

7. 名人留墨集

过槟城、怡保，潘德明终于来到马来半岛中西部的吉隆坡。当地的《新国民画报》在三月十六日，登载了潘德明单车骑行的照片。许多侨胞称他是"为国环球"的壮士。

有学者在新加坡国家图书馆查阅了 1931 年的档案，发现当年许多媒体都对祖父潘德明有报道，可以看出当初整个马来西亚对他的极度热情。当时的新加坡隶属马来西亚，是英国殖民地，但当地华侨认为自己的祖国就是中国；凡是从祖国来的人，都让他们倍感亲切。

当时新马地区唯一与华侨领袖陈嘉庚齐名的，是南洋地区永安堂的创立者，著名华商胡文虎。他是最早接见祖父的人，也是最早提出要资助壮士旅程的人。他所生产的龙虎牌万金油，至今依然是全球华人日常使用的珍品。《星洲日报》也是他一手创办的，是当地最重要的报纸，当时大肆报道潘德明旅行的事情。

1931 年 3 月 13 日下午，潘德明从马来半岛的新山（柔佛巴鲁）渡柔佛海峡，抵达了新加坡。这一地区当时是世界海上交通的重要枢纽，也是帝国主义列强争夺的战略重地。新加坡的开拓者中，华侨占据了重要地位，潘德明的到来如飓风般激起了新加坡华侨的强烈的情感共鸣。

三月中旬，新加坡《叻报》以《步行万里，硕果仅存之中国青年亚细亚步行团团员潘德明君抵叻》为题，对其进行了专题报道。报道介绍了潘德明不惧艰险，历安南、暹罗抵星洲的经过，和他胸怀壮志誓要环游世界的宏愿。

《叻报》对潘德明的报道

　　这家报纸说潘德明"此次在星逗留，最多约达一个星期。过此则由海道前往印度加尔各答"。该报热情洋溢地赞扬潘德明并勉励他"完成其伟大之全世界步行之壮举"。呼吁"热心之士，尚望尽力资助，使潘德明君得实现其伟大之志愿，则不独潘君之幸，亦国人之荣也"。

　　《叻报》这一呼吁，华侨纷纷响应。当地《星洲日报》《民国日报》《商报》和《新国民日报》等，都大篇幅地介绍潘德明的事迹和在新加坡的行踪。

　　过去，在欧美各国，许多探险家和科学家，架飞机、登高山、入海洋，甚至到极地考察，各种探险名目繁多。在 20 世纪 30 年代，这种冒险精神，也逐渐影响到贫困落后的中国。

　　但有些所谓中国旅行家，他们口说行走世界，可走了四五年，总走不出南洋一带。有些人骗取捐款后，就溜之大吉。因此，当时设在新加坡的中国政府的领事拒绝在潘德明去印度的护照上签字。但潘德明有决心，他四处走访，言辞恳切，态度坚决，许多华侨被他的精神所感动。尤其是当时的华侨组织"上海俱乐部"，对潘德明深表认同，他们不仅说服了中国领事，还慷慨解囊资助旅费，并给潘德明添置了一架八十美元的照相机。令潘德明激动万分，倍受鼓舞。当地华侨社团如"星洲圣马太少年团""星洲檀社"以及多家报纸、刊物也纷纷向潘德明伸出援手，或赠书赠物，或捐款资助，或邀请他参观访问。

为表明周游世界的决心，潘德明请人做了一本四千克重、五厘米厚、八开大的道林纸布质硬封面的《名人留墨集》。他在扉页上写道：

"……余此行乃以世界为我之大学校，以天然与人事为我之教科书，以耳闻目见，直接的接触为我之读书方法，以炎黄烈日，风霜雨雪、晨星夜月为我之奖励金，潘德明坚决地一往无前，表现我中国国民性于世界，使知我中国是向前进的，以谋世界上之荣光，必欲达到目的而无退志。沿途备此册子，奉恳诸君子留名签字。"

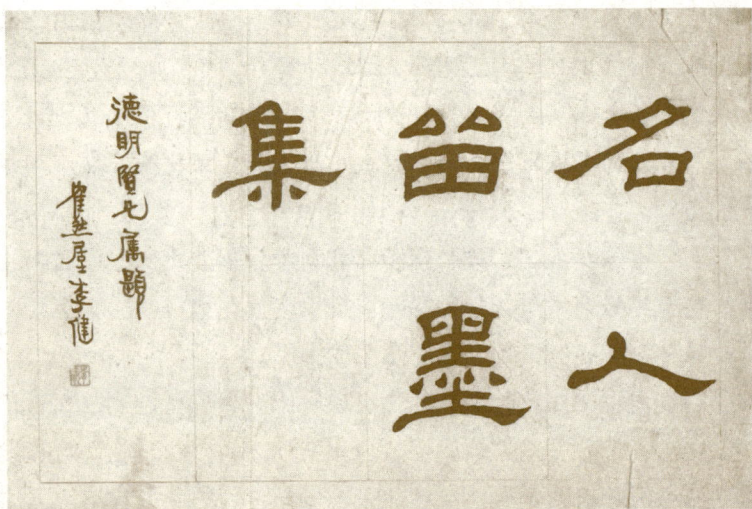

潘德明自制《名人留墨集》封面

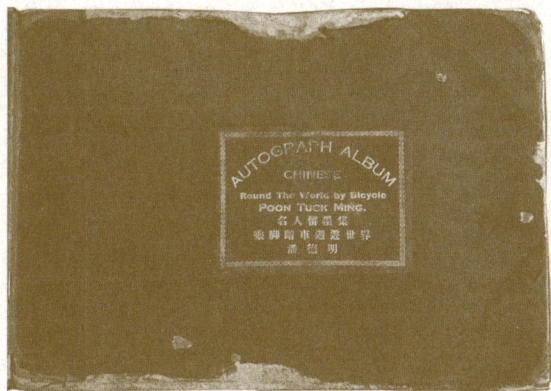

《名人留墨集》

胡文虎在会见潘德明时首先在《名人留墨集》上题词："希望全世界的路，都印着你脚车的轮迹。"又送给潘德明一笔可观的旅费，但潘德明没有收下。

潘德明婉转、恳切地对胡文虎道："承蒙先生关心，目前我旅费尚足，带多了，在路上反而有碍。今后如有困难，当仰仗您大力扶助。"

在这位憨厚质朴、胸襟坦荡的青年面前，胡文虎感动不已。后来，潘德明到印度北部，那里华人几乎绝迹，潘德明盘费短缺，才函请胡文虎资助。胡文虎当即寄了五百美元。

在潘德明离开新加坡之前，《叻报》披露过他的行程计划："动身拟往缅甸一行，但沿途所得消息，该埠缅人仇华颇甚，恐前往无益……故改往加尔各答埠，由该埠转入土耳其而达欧洲。"这充分表明，潘德明的旅程并非一帆风顺，他需要根据实际情况灵活调整路线，以确保安全和旅程的顺利进行。

告别新加坡，潘德明结束了东南亚的行程，扯起了环游世界的篷帆，往南亚地区进发。

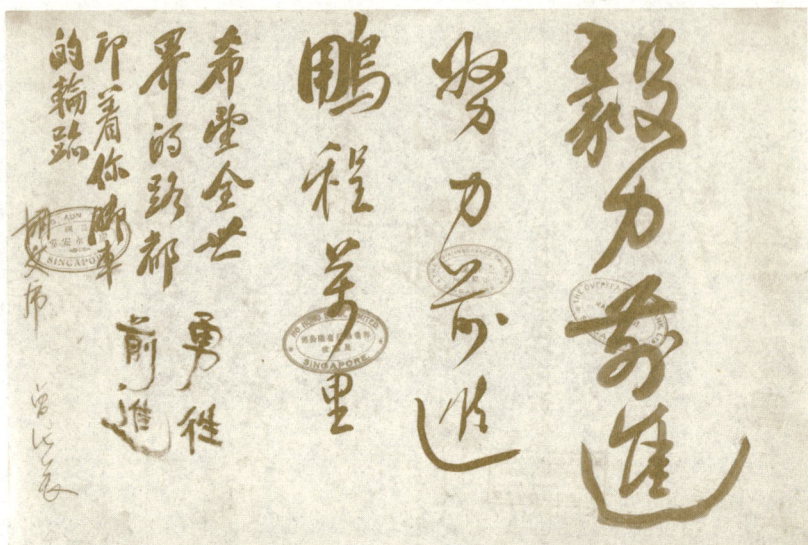

《名人墨集》中胡文虎的题词

8. 印度

潘德明的旅程在 1931 年 4 月 3 日迎来了新的篇章。

他从新加坡出发，乘船穿越了波涛汹涌的马六甲海峡。这片水域见证了数百年来东西方文明的交汇，自古以来就是海上贸易的重要通道。海峡的两侧，既有着古代海上丝绸之路的遗迹，也记录了近现代殖民历史的纷争。

在经过了安达曼海和孟加拉湾的航行后，潘德明感受到了季风的影响，这里的海流冬夏相反，给航行带来了不小的挑战。经过九个昼夜的颠簸，他终于在 4 月 12 日的中午抵达了印度东海岸的明珠——加尔各答。

加尔各答不仅是印度的文化中心之一，也是当时世界海洋交通的要道，更是帝国主义列强争夺的战略重镇。它的历史可以追溯到1690年英国东印度公司到达之后，从1772年至1911年，这140年间，加尔各答一直是英属印度的首都。这座城市见证了多种文化的融合，19世纪的孟加拉文艺复兴运动也在此兴起。

　　民国二十年（1931年）四月十三日，潘德明写信回家：

父母亲大人：

　　我于四月三日下午乘轮船经过印度洋，于十二日中午到印度的加尔各答。一共坐了九天的船，幸得那船长（英国人）很客气，给我免费坐头等舱位，吃也吃得很好。听说如买票三等起码也要四十二元，头等要一百七十五元（每元合上海银二元六角多）。

　　这次到新加坡可说有幸与不幸。不幸的是新加坡的领事待我很不好，拒绝我叫他签字，他的理由是说："以前有不少的中国人想周游世界，可是他走了四五年总是走在南洋一带，不会到别的地方去，拿了周游世界的名向南洋的富翁骗了很多的旅费以后，就回家了。"所以他很痛恨周游世界的中国人。别的地方不走，光到南洋地方来。他的理由很不错，我呢，有口难说。因为事实上告诉他我先到南洋，给他的一个可疑。

　　幸的是我把这种的情形很详细地告诉给上海俱乐部（是江浙二省人所组成的，内中的职员大多是洗衣服店、裁缝店、木器店的老板）听。并且说我真有周游世界的心。他们对我很同情，所以替我买了一只价值八十元的照相机（合上海银二百多元）。另外送给我五十元。

　　到加尔各答，我是住在民新画报社里，那个画报社是华侨的总机关。今天早晨（四月十三日）到卢春芳领事那里去过，他很奖励我，说我很好。文保写给我的一张纸上说，领事的老婆是王延廷的妹妹，姐姐和他认识，但是我没有同他说，因为是无头无脑的，说了没有意思。

在加尔各答约住一星期就要前进，你们的信可以寄到一个画报社那里，因为他可以转交给我的。这一封信的来回至少要二个月。

别的下次再说，祝你们平安康健。

儿文希

民国二十年四月十三日

由印度加尔各答民新画报社

收到的日期二十年五月七日

中国驻印度领事卢春芳的题词

潘德明一踏上加尔各答的土地，就感受到了这座城市的热情，他被一大群欢迎的人围住。其中有高校教授、青年学生、商贾和热情的市井百姓，当然，还有大量华侨。他们紧紧地和他握手，拥抱，表达对他的热情和敬意。那些包围圈外的路人和活泼的孩子们，则踮起脚尖，热烈地呼喊着祖父的名字："潘德明！潘德明！潘德明！"

当时华侨社区对于来自祖国的壮士的拥戴，让我想起了今天的人们对偶像明星的热情，在 20 世纪 30 年代，祖父的行为的确足以让他成为世界级的偶像。

潘德明的脖子上被挂满了五彩缤纷的花环，手里被塞满一束束鲜花，碎花瓣如雨般洒落在他身上，俨然一场绚烂的生命礼赞。

加尔各答高楼耸入云端，市场喧嚣，商店橱窗的陈列璀璨夺目。然而，转入狭窄的小巷，却是另一番景象：简易的棚屋由废旧材料搭建而成，排列密集，仿佛诉说着繁华背后的故事。

正午时分，烈日当空，街道上的人们却依旧熙熙攘攘、摩肩接踵，似乎并不受闷热天气的影响。这里的男性有的头扎色彩鲜艳的头巾，身着宽松的上衣和裤子；有的则赤裸上身，露出健康的肤色。孩子们则大多赤身裸体，仅在腰间系一条小布带。

人群中倒也不乏华丽绸缎加身、佩戴琳琅金饰的贵妇，她们举止优雅，与繁华相得益彰；而那些贫苦妇女，头顶陶罐，面容坚毅，步伐稳健，对潘德明来说的确是异域风情。

街头巷尾的耍蛇人的身影尤为引人注目。他们长发披肩，披着兽皮，半身赤裸，身上涂着各种颜色的图案。随着笛声响起，他们开始表演，蛇随着音律起舞，吸引着路人驻足观看。

高楼的阴影下的疲惫的清洁工、搬运工们，找到片刻安宁，他们或坐或躺，乘着楼与楼之间的穿堂风，暂时缓解劳作的艰辛。

在当地华侨总机关，潘德明受到了热情的款待。当晚，他品尝了一顿地道的中国饭菜，这让他喜不自禁地对主人表达了对家乡菜的喜爱："还是家乡菜好吃。"一句话，蕴含了他对故土的深深眷恋。

主人在席间向潘德明介绍了印度百姓的风俗，总提到一种名为

"达尔"的食物，让潘德明感到好奇。主人告诉他："达尔就是绿豆沙。"潘德明恍然大悟。主人说："印度人吃饭是大家一起围着食物坐在地上，用右手抓着吃。"说着用手比划了一个抓饭的动作，又在地上用手指比划了一个圈继续说道："地上一个大托盘里装满食品放在中间，食品都是辣的和放了咖喱的。常常有鸡肉、羊肉、达尔、土豆以及切成很小块的'挪菜'（类似土豆，产于印度），加上叫'炸粑菜'的油饼，这种油饼掰开以后可以用来当勺子舀汤。"潘德明一一记在心里。

民国二十年五月十三日，潘德明写信回家：

父母亲大人：

（第一页遗漏）

……因为在中国人的画报社里，所以吃中国菜。

印度的菜、肉类，不论什么菜都放咖喱的。我告诉他们说中国没有咖喱的，有几个没有出过国的人听了，就很奇怪，说没有咖喱的菜，如何可吃呢？他们大多的时候是吃饭，有的时候吃用粉做成的饼。

我一到一个地方他们都很欢迎，最有趣的是，不准我做事体，连衣服、鞋子、袜子都是他们替我脱的，这样是很礼貌的。

写这封信的时候有很多的人围着我，看我写，他们说中国的字最难写的。

别的下次告诉你们，祝你们平安康健。

儿文希谨禀
二十年五月十三日于印度

高剑父与潘德明的合影

　　在加尔各答，潘德明的名声引起了一阵骚动，市长不仅亲自接待了这位风尘仆仆的旅行家，还在他的《名人留墨集》中题词，以表达对潘德明环球旅行的支持与祝福："中国的潘德明先生骑车环游世界，我们高兴地碰到他。我衷心地祝他成功。"而潘德明的童子军装束让他在当地受到了童子军的优待与陪同，童子军书记也向他表达了祝福。

当时，印度国大党领袖甘地与英国总督欧文在德里签订了《德里协定》，该协定在一定程度上缓解了紧张的工人运动，但也被视为民族解放斗争的一次挫折。尽管如此，印度人民的反抗并未停止，农民起义不断，反映了对殖民统治的深度不满。

潘德明对印度的独立运动深表同情，尤其是在参观普拉西战役遗址时，他不禁将此与广州虎门相提并论，都是国家沦为殖民地的起点。他心中感慨中国与印度同样是东方文明古国，为何如此受压迫和凌辱，年轻的心里充满了对两国命运的思考和对自由的渴望。

一天，潘德明邂逅了著名的岭南派画家高剑父。高剑父为了参加亚洲教育会议而来，他见到同胞潘德明，心中生出敬佩之情。

"你真是勇气可嘉！"高剑父赞叹道，随即挥笔为潘德明写下了"一往无前"四个大字，字迹遒劲有力，为年轻的旅行家注入了无穷的动力。他还在字旁记录下他们相遇的愉悦心情，表达了对潘德明壮游的由衷钦佩。他乡遇故知，让潘德明深感温暖。

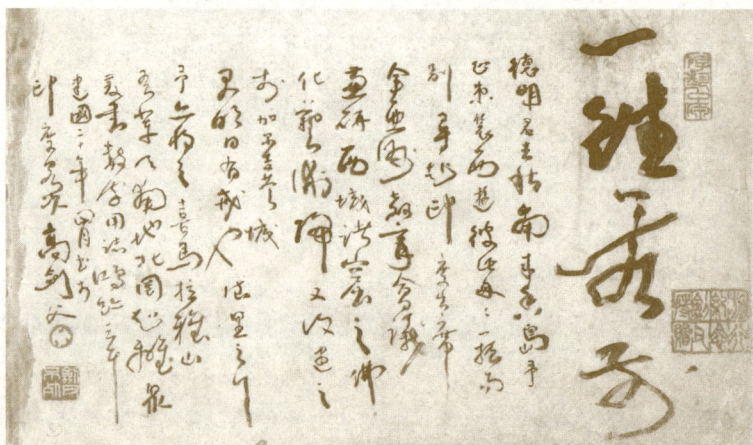

高剑父题词：一往无前

一棵树形成的森林

  四月十九日，加尔各答全体华侨召开欢迎大会。当地学生会主席及印度体育协会主席发表讲话："潘德明先生的光临，会带给我们两个东方大国的学生联合。我们希望他的壮举鼓舞我们国家的学生。"这些勉词赞语，给潘德明艰苦的旅行注入了强大的动力。

  在加尔各答潘德明去了当地著名的植物园，被眼前的景象深深震撼。他拿起相机记录下了由仅仅一棵树形成的一片森林。这棵榕树的树冠如同一片绿色的云朵，覆盖了三英亩的土地，树龄已经超过了一百五十年。潘德明惊奇地发现，尽管周围被栏杆围绕，但这棵大榕树的子树们却跨越了界限，根须延伸过栏杆，穿过道路，在更远的土地上扎了根，长成了新的大树。

直到多年后，在孟加拉国的杰索尔地区他看到了一棵更为壮观的榕树，树龄约九百岁，树冠覆盖面积达七英亩，但加尔各答的榕树对潘德明而言更显顽强与壮美。

四月二十二日，潘德明在四名童子军的陪同下，踏上了前往圣地尼克坦的旅程。

圣地尼克坦距离加尔各答有一百一十多千米，它不仅是一个地理上的地标，更是文化和智慧的象征，因为那里坐落着由世界著名诗人泰戈尔创立的国际大学，是无数青年神往的地方。

潘德明的到来在校园引起了一阵不小的涟漪，校方及知名教授亲自出面接待。在这里潘德明感受到了泰戈尔的精神及国际大学对世界文化的拥抱和尊重。

潘德明心中一直以来怀揣着对诗圣泰戈尔的敬意，这敬仰源自他的少年时代。他们举家刚搬来上海，在初中课堂上，老师就提到泰戈尔的到来让上海沸腾过。潘德明在报纸和杂志上早就看到过老诗人的肖像，连同对泰戈尔诗歌的阅读，一切都深深地烙印在潘德明的脑子里。尤其是泰戈尔说过："我相信，你们有一个伟大的将来，我相信，你们的国家站起来，把自己的精神表达出来的时候，亚洲也将有一个伟大的将来——我们都将分享这个将来带给我们的快乐。"

眼下潘德明就将要拜见泰戈尔，他激动无比。他们穿过熙熙攘攘的市场，来到了诗人简朴的住所。一进门，童子军们便按照印度传统礼仪，跪地膜拜，并摸他的脚，将手放在嘴上亲吻，表达对泰戈尔的崇敬。潘德明则以中国的深鞠躬向文学巨匠致敬。银发的泰戈尔也起身以中国传统礼仪回应，两人随即用英语展开了对话，谈笑风生，气氛愉悦。

在泰戈尔的书房内，潘德明请他在《名人留墨集》上题字。泰戈

Let us revive the old spiritual
friendship with China.

Kshitimohan Sen
Santiniketan. Bengal
India. 24 April 1931

Rabindranath Tagore
Santiniketan
April 24
1931

《名人留墨集》中泰戈尔的签字与合影

潘溯手绘泰戈尔与潘德明手绘还原合影

尔拿起笔，流畅地签下了自己的名字。就在这一刻，童子军中的一人捕捉了这一历史性的瞬间，用相机记录下了这一珍贵画面。告别之际，泰戈尔还赠给潘德明一幅自己的画作，以资纪念，并祝福他的旅程顺利。

潘德明那天开心极了，带着珍贵的礼物，心中充满了感激与敬意。

一个月后，潘德明向印度的政治中心德里进发。在途经布德万、阿散索尔等地时，他并未停歇，匆匆穿过这些小镇，进入了人迹罕至的山区。与在安南、暹罗和星洲时不同，那里的华侨众多，让他有一种身在国内的错觉。但在印度山区，他被完全不同的风俗习惯所包围，异国他乡的感觉尤为明显。

正值炎热夏季，热浪几乎让人无法忍受。太阳炙烤着大地，连石板都烫得可以煎鸡蛋。潘德明曾在不经意间触碰到脚踏车的金属把手，手立刻被烫起了水泡，这让他体悟了"炙手可热"这个成语。

为了适应这酷暑，潘德明模仿当地人用长白布包裹起头部，多穿衣服以抵御热浪。他改变了自己的作息时间，每天凌晨出发，趁凉爽骑行到上午九十点钟才找阴凉处休息。直至日落后再继续行程，每天骑行大约八十到一百英里。他平均每两天就会到达一个村庄，休息并补充给养，然后再次踏上旅程。

潘德明一路向西北方向前进，穿越了乔塔那格浦尔高原，沿着恒河与朱木拿河，最终抵达了印度首都新德里。潘德明肚子咕咕叫，喉咙像火烧。他终于找到了一个村庄，心中一喜，却没注意到村口的印度教标志。他以为这是伊斯兰教的村庄，这一误判，差点让他吃了大亏。

他将脚踏车停在村口，信步走进村庄，向村民们友好地打招呼，询问能否买点食物和水。村民们好奇地打量着他，问他信仰什么。潘德明心里一紧，他知道在这个宗教色彩浓厚的地区，信仰是个敏感话题。他学会了随乡入俗，尽量努力和当地人保持一致。

"我……我也是伊斯兰教的。"潘德明小心翼翼道。

村民们闻言脸色大变，严厉拒绝了他的打探。潘德明这才意识到自己搞错了，心里暗暗叫苦，想解释几句，却心知解释会越描越黑的。他试探性离开，急走几步后发现村民并未再纠缠，便立即一溜烟往村外狂奔。

刚跑出村口，潘德明眼前一亮，他见一个印度妇女提着一个装满水的木桶朝前走，他忽然意识到水井就在不远处。

印度诸多干旱地区，地下水位非常低，水井通常挖得极深，井的外观要比中国江浙一带的小水井大得多，且内部结构复杂，里头甚至有台阶和壁龛。在干旱季节，村民需要沿着上百级的台阶下到井底去取水。

此刻的潘德明就像发现了沙漠中的绿洲。他推着脚踏车来到水井边，把车侧卧在井壁一边，把背包往地上一扔，提着自己的水壶，顾不了旁的，迫不及待地钻到井下，不等水壶装满便猛灌了几口，刹那间大感畅快！连喝两大壶后，潘德明索性在井下盘腿而坐，把这第三壶水当酒一般，细细品了一番。直到半个钟头后才慢慢起身，心满意足地爬着阶梯往顶端井口走。刚把半个脑袋探出，便觉后脑一股风，他本能地一缩，却已来不及躲开，不知何方甩来的一棍子结结实实地打在他头上。伴随着一闷棍的是一声尖锐的叫骂，潘德明听不懂骂的是什么，只知道不是说什么好听话。

被击闷的潘德明不知哪来的胆子，继续探出头来，那袭击者还不及抡起第二棍，潘德明已半个身子出来了。

此刻潘德明看得清楚，一个目露凶光的印度大汉把木棍举得老高，与他四目相对。潘德明可能真是被砸傻了，竟脱口对大汉叫一声：

"妈妈！"

这大汉一愣，"妈妈"二字全世界的读音都差不多，印度大汉一时间竟打不下去了。潘德明稍稍回过神来，大脑在飞转：难道这水井是私有的？我不问自取触怒了主人？正想要道歉，却忽见大汉身后乌泱泱站了十数名手握农具的村民，显然都是冲着自己来的。

"吾命休矣！"潘德明不由自主地想，但身子趁那大汉发愣之际迅速跃出井口，求生本能让他想到刚刚那句妈妈的效果，便一边不停地大喊："妈妈！妈妈！"一边迅速骑上自己的脚踏车，飞快离开。

电光火石间，村民们追将过来，潘德明肾上腺素飙升，猛踩踏板，猛吼妈妈，竟然在众目睽睽之下逃离了村庄。即便听不到叫骂声了，他依旧不敢慢下来。

就这样足足骑了半个小时，潘德明才终于放慢速度，在一处小山坡边停下，瘫卧休息。

潘德明庆幸自己捡回了一条命，口中默默把过往神明统统感激了一遍，尤其重重地感激了自己的妈妈。想到妈妈，潘德明从怀里取出家人的照片，亲吻了一下照片中的妈妈，鼻头发酸。他又回想起刚刚汉子们的叫骂声，可能外语中最好学便是骂人，他默默记住了，想着哪天有机会要向别人讨教，不能听不明白，也不能随便用。

几日后，潘德明骑入了另一个村庄，这次他不会重蹈覆辙，找了一个印度教妇女攀谈，顺利获得了水和食物，也终于弄清那次惨遭追杀的缘由。原来宗教村庄的水源是绝不可被异教徒污染的，若是污染了，这口井便要被弃用；对于干旱村庄的唯一水源，这可是天大的灾难。

潘德明心中甚为愧疚，想试探地问那妇女，是否有弥补的方法。那妇人立刻警觉起来，再次想验证潘德明的信仰。潘德明即刻收口，

潘德明在恒河边

潘德明在谢苏尔墓庙

潘德明在印度村庄

向那妇女手里塞了几枚硬币，不等那妇女再开口，便告辞开溜。

五月的尾声，潘德明抵达了印度的贝拿勒斯，这座古城与恒河一样，是佛教的圣地。在这里，印度教徒追求四大乐趣：住贝拿勒斯，与圣人交往，饮用恒河水，敬奉湿婆神。

潘德明参观了金顶的"金庙"，漫步在恒河岸边。印度教信徒相信，在贝拿勒斯离世的人将得到神的恩典，因此，无数病弱年迈的朝圣者从各地汇聚于此，叩祈在圣地结束生命。

夜幕下，贝拿勒斯的暑热退去，灯火与檀香交织，街道上神牛和大象悠然自得，小贩叫卖声此起彼伏，商品琳琅满目。潘德明被这一切深深吸引，贝拿勒斯的神秘与神圣，永远印在了他的心中，刻在了他的记忆里。多年后与祖母说起，依旧眼睛里放光。

离开这座城市后，潘德明前往印度的亚格拉。在旅途中，他时常露宿，与野兽为邻，虎啸猿啼成了夜晚的摇篮曲。曾有一位加尔各答的名医赠予他蛇药与防暑药品，为他的冒险之旅添了一份安全保障。潘德明知道，要在野兽频繁出没的山林中生存，光有胆量远远不够，还要有对自然的了解和应对野兽的智慧。好在人的智慧总是高于野兽的，再加上一些好运气，总能让潘德明一次次化险为夷。

印度北方的老虎是丛林的主宰。这里的老虎都是孟加拉虎和印度支那虎，体型较小，毛色深沉，条纹宽阔。要穿过森林，遇到老虎是不能避免的了。

好在遇到老虎之前，潘德明先遇到一位善良的印度老人，给了潘德明一面铜锣，告诉他在遇到猛虎时，可以敲锣将其吓退。潘德明半信半疑地望着小巧而光亮照人的铜锣，轻轻敲了几下，那锣声尖锐而清亮。

老人告诉潘德明，老虎大概可分两种，一种是已经吃过人的，性格凶猛；另一种是还未吃过人，稍微胆怯。虎在野外单独生活，没有固定的巢穴，昼伏夜出，特别在黄昏至日出之前，最为活跃。如果在白天遇到它，即可鸣锣将其吓退，而在夜晚，就要用火，因为火是任何野兽都惧怕的。"

潘德明谢过老者，接过铜锣，连同锣锤紧紧地拴在皮带上。

有一天傍晚，赶路一整日的潘德明找不到可以过夜的村庄，只能在林子里选了一棵大榕树，找了处像样且舒适的大树杈躺妥休息。这找树杈的本领，是精明的齐小圣启发他的。自与猴友齐小圣分别后，每每进入森林他总会留意猴子，偶尔会产生幻觉似齐小圣会回来与他继续作伴了。此刻夜月虫鸣，潘德明在树杈上沉沉睡去。

露水褪去，薄雾散尽，潘德明被鸟叫声唤醒。恰有一束阳光透过树叶，洒在他的脸上。他睁开眼打量四周，边挠着手臂上的蚊虫块，边低头看看下树的路径。这不看还罢，一看，吓得险些从树杈上跌落。树底下，一只猛虎正胸有成竹地端卧着，抬头望着树上的"美餐"。

这老虎可不是途中强人，靠口才能说服。潘德明定了定心神，呼了口气，向老虎发出驱赶声："去！去！去！"老虎原本淡定，看树上的食物有了反应，便抬头回应了一声低吼，随之起身直了直背脊。潘德明大惊，慌乱中从怀中掏出吃剩下的半张干饼子，斗胆在老虎眼前晃了两下，感觉已经吸引它的注意力，便立即将那饼抛出。老虎脑袋顺着饼的抛物线，不等饼着地，已跃身衔住，却只嚼了一下就吐到地上了，随即又凑过去嗅了一嗅气味，忽然怒吼一声便往树上扑来。

大树甚粗壮，但虎扑之下枝干仍是剧烈一晃。潘德明牢牢抱紧树干，心想着好像虎是不会爬树的，只要自己不下树，总有机会耗到它无趣离去。此刻想到刚才丢出去的半张饼，真应当留给自己，还不及细想完，竟发现老虎已经开始往树上爬将起来。

"谁说老虎不会爬树哒？"潘德明脑瓜同时嗡嗡作响，第一回实实在在有些怕了，怕自己小命就要交待在今天。

老虎抱着树干爬了一段，忽然一个没抓稳，滑了下去；不及站稳便又再试，第二次居然爬了两米多，前肢已钩住了最低的树叉，后腿一蹬，稳稳地到了二岔口。

潘德明睡觉的树杈约莫等于在四岔口，离虎口是越来越近了。绝望的他终于想起了腰间的铜锣来，当即从皮带上抽出锣锤连续猛敲了几下。

咣咣咣！锣声刺耳震天，惊起周围的鸟群，瞬间林里如奏疯狂交响曲。老虎骤然大惊，一个趔趄重重地跌下了树去。

潘德明趁热打铁，锣锤如雨点般砸在铜锣上，为了使锣声更响，他索性边锤边把锣腾空举起，那锣果然提高了分贝。惊得那老虎瞬间吓慌，凄啸一声，飞也似往远处窜去。

潘德明拍摄的老虎

待虎远去，潘德明又等待了一阵，见虎没有再回来的迹象，才终于敢缓缓地下树。接下去的这一路上，他始终空出一只手来抓着锣锤，推车直到走出密林。到了开阔地带，他再次骑上脚踏车，沿着蜿蜒的小路前行。

沿途他遇到了形形色色的当地人或肩扛或头顶着巨大的水罐，或手推着装满木料的手推车，步伐坚定而有力。他感觉格外安全又亲切。

一队缓缓行进的骆驼从他身边走过，这些"沙漠之舟"在炎热的阳光下显得格外从容。一些由牛群拉动的木制大车虽然简陋，但能够感觉到这是当地重要的交通工具。

渐渐地，他习惯了这片土地，野生动物与人类和谐共处。潘德明再次看到了猴子在树梢间跳跃，又多了孔雀在草地上拖着华丽的尾羽，而乌鸦和秃鹰则在天空中盘旋，寻找着食物。

随着天色渐暗，潘德明发现自己已经接近了塔尔沙漠的边缘。空气中的灰尘让他的喉咙感到干燥，但他的心中却对即将到来的探险有了期待。

他的目标是亚格拉市，那里有世界著名的泰姬陵。

潘德明在日落前赶到了。尽管身体疲惫，但精神却异常振奋。他立刻前往泰姬陵，这座由莫卧儿皇帝沙贾汗为纪念其爱妃而建的陵墓，是印度建筑艺术的巅峰之作。

泰姬陵的白色大理石在夕阳的映照下闪烁着柔和的金光，它的设计和装饰展现了莫卧儿帝国的辉煌。潘德明在陵墓周围漫步，欣赏精美的雕刻和宝石镶嵌，感受历史的况味。

夜幕降临，潘德明参观了泰姬陵的内部。他穿过幽暗的走廊，在微弱的灯光下，感受到陵墓内神秘的气息。

当他走出陵墓，亚格拉的夜空已繁星点点，宁静而美丽。他心中

《名人留墨集》中印度各地部分照片

充满了敬畏。

尽管潘德明被泰姬陵的美丽所震撼，但也不禁感到一丝忧伤。他想到了这个国家遭受的苦难及面临的挑战，也感到了印度人的坚韧。

亚格拉市的夜晚是难忘的。第二天，他将继续旅程。

民国廿年（1931年）六月十日，印度最大的报纸《印度时报》以头版头条的显著位置报道了中国青年旅行家周游世界和来到德里的消息。

德里，曾是伊斯兰教德里苏丹王朝的中心，历史悠久。潘德明在这座城市中参观了多处古迹，包括朴素庄严的扎玛·玛思日清真寺，以及呼马容皇帝陵墓。库特勃·米那寺的高耸尖塔也给他留下了深刻的印象。

《印度时报》对潘德明的报道

《名人留墨集》中甘地的签名照片

德里市集上的手工艺品和传统音乐让潘德明感受到了这座城市的活力。

六月三十日，印度国大党领袖圣雄甘地接见了潘德明。这是在甘地去伦敦出席第二次圆桌会议的前夕。

这位年老而又瘦弱的政治家在他简陋的书房里，同潘德明作了亲切的交谈，并在潘德明的《名人留墨集》上签了自己的名字，表示对这个中国青年旅行家的支持。

那时，甘地正在领导全国范围的第二次非暴力不合作运动，由于长时间的绝食抗议，他的身体异常瘦。潘德明见到甘地时，正是甘地绝食十五天后恢复饮食的当天。他恢复饮食的第一样食物是一杯橘子水。他慢慢地品着，拿出了自己在绝食期间亲手编制的一块三色布，布上有印度国旗，郑重地赠予了潘德明。潘德明双手托着恭谢圣雄。

甘地对潘德明说："希望我们两国迅速地自强起来。"

甘地的话让潘德明的旅行目的更加清晰起来。曾经的梦想旅行，具有了关乎民族复兴崛起的非凡意义。

　　第二天，印度国大党另一名领袖尼赫鲁在办公室里接见了青年旅行家潘德明，同样也签名留墨了。

　　在七月上旬，潘德明从德里越过马尔德高原和温德亚山脉，翻过海拔一千五百米的西高止山脉，探访了世界良港孟买之后，又重返了德里。

　　潘德明拜访了一位印度名医。名医询问他得了什么病，潘德明说自己没有生病，只是慕名而至，特地来一睹印度名医的风采。名医颇为不悦："没病找我干什么？我一个老头子有什么好看的！"

　　于是，潘德明赶忙表示要请他检查一下，看看自己有没有什么未察觉的病，需不需要吃药。经过一番检查后，名医判定潘德明身体无恙，但得知他的旅途经历后，名医反倒发生了兴趣——为什么如此艰苦的一路上，旅行家会没有生病？名医这回真的给他验血并做了各种细致的检查，发现潘德明有极厉害的脚癣和腿部因蚊虫叮咬引起了三处铜钱大的溃烂。

　　"这也许这就是没有毛病的原因吧！"名医认为脚癣和烂脚的脓反而帮助潘德明排出了身体里的毒。遂笑称潘德明为"无病铁人"。

　　潘德明稍作休整，即从德里启程向西，七月二十七日到达心刺。

　　民国二十年七月三十一日，潘德明写信回家：

父母亲大人：

　　我于七月二十三日由德里起程，于二十七日到心刺。

　　心刺和浙江的莫干山一样，是一个避暑处，大约有七千八百尺高（莫干山是 2500 尺高），在山底下热到一百十几度的时候，山上只有七十几度。所以一班印度的大人物大多在天热的时候搬到山上来住。山上有很好的马路，有汽车有火车，有骑马，有四人推拉的黄包车，有跳舞场，有有声电影院，差不多什么都有。在热闹的街市上有一爿中国鞋店叫阿金兄弟公司，生意很好。每年做六个月的生意或八个月。小小一间的店铺，要两千卢比一年（其实只有六到八个月），每年除了吃用开销之外还可盈余一二万卢比，他们的伙计（皮匠）也有一百多卢比一个月，所以吃雪茄穿西装，比上海的洋行先生还来得惬意。除了这爿皮鞋店之外还有四十多个山东人，他们不是开店的，是背了一包山东绸或花边在马路上的住家面前叫卖的，每日可做十几个卢比至几十个卢比，每月可以盈余一百多卢比，像这样的山东人在印度总计有一千五百多人，多散在各乡村城市里。世界上有英国无日落，中国人也无日落的话，山东人是很有功劳的。

从加尔各答到德里，在我行过的时候天气非常之热，至少有一百度多至一百二十几度，记得在中国热到九十五度就要说热死了、热死了！并不是我是中国人，住惯在温和地方而怕热，印度的人他们也是说很热，在晚上的时候比较凉一点，所以在上午十一时到下午五时的时候，大家都关了店睡觉，都在晚上的时候营业。在加尔各答将要行的时候，印度人和中国人都告诉我可怕的热天，大多劝我改别条路线行，那时我决定要行，并不是我自告奋勇地愿意在那像火一样的日头下行，因为我想趁这个机会练练我的身体，我就把这个意思告诉给他们听，他们都很佩服我的高见。有一个印度著名的医生送了我很多应用的药品，奇怪得很，在这样热的天气下行，连一点小毛病都没有。印度人都说我的身体很强壮，有的印度人不相信我，说偷乘火车或汽车的，到德里的时候我拜望了一个印度土著的医生，请他验验我的身体究竟为什么缘故不生病，经了好多时候的验血、验身体，结果所以不生病的缘故是因为脚上比从前还要厉害的脚癣和腿上的三个铜钿大小的烂洞。

大约十天之后可到阿富汗了。

你们寄给我的信仍旧可以寄到德里陈添先生转交。

别的下次告诉你们，祝你们平安康健。

儿禀

二十年七月三十一日于印度心刺

印度的西北边陲是一片崎岖的高原地带，历史上的部族冲突在此留下了深刻的烙印，骑行的潘德明仿佛穿越回古代战场，感受到了李华笔下"浩浩乎，平沙无垠，迥不见人"的苍凉。

潘德明在印度向新加坡的华侨富商胡文虎发出了求助信号，胡文虎慷慨解囊五百美元。潘德明用这笔资金补充了装备，购置了必要的食物，然后继续他的旅程。

穿越巴基斯坦的心脏地带，包括拉合尔、克什米尔的巴尼哈尔山口，以及查漠地区，最终抵达了拉合尔、伊斯兰堡和白沙瓦。

在拉合尔，潘德明被历史遗迹深深吸引。城堡的遗址和巴德沙希清真寺让他对这座城市充满了敬意。在夏利玛花园的湖畔，他与当地朋友共度了一个星光璀璨的夜晚，聆听他们讲述拉合尔的历史，得知唐代高僧玄奘是第一个记录这座城市的人。

潘德明心想，玄奘是依双脚跨越千山万水，而自己虽也是独自一人，却有幸骑着脚踏车。

到达了阿富汗和巴基斯坦交界的开伯尔山口后，这里地形险峻，山峰和峡谷构成了天然的屏障。潘德明沿着喀布尔河抵达了阿富汗首都喀布尔。

之后，潘德明途经巴基斯坦木尔坦和拉合尔，骑行到了一个名为洛拉莱的小镇。

潘德明和印度友人在一起

这时潘德明写信回家：

父母亲大人：

　　十月二十日到 Loralai（莱拉/今译洛拉莱）是由 Lahore（拉合尔）来的路中经过二百多里很荒野的山路。那地方虽然很冷静，但是在英国政府下的印度因为在管辖上、军事上便利起见，所以不能哪个大城市小村庄都有很好的汽车路或者汽车路火车路都有。

　　人家都说那地方的土人是很野蛮的，不和外边的人交通，智商很不开通，只有帐篷，没有房屋，靠畜牧为生活的。这条路是到波斯国必须经过的路（是指旅行家说），这次我经过那里，那土人见我都很喜欢。我见了他们的头领，那个头领知道我是从中国来乘脚踏车来的（我学会了几句应用的土人说的话），所以他很惊奇，特地为我杀了一只牛、一只羊请我。留我住了一天，第二天他叫两个仆人骑了马，带了很丰富的饭菜、牛奶，一直送我到离开莱拉二十里的地方。

一个旅行家是到处受人家的欢迎的。……所以旅行家的幸福是不浅的。

别的下次再写，祝你们平安康健。

儿文希谨禀
二十年十月二十日于印度 Loralai

转眼已到十月底，天气变冷，潘德明新添了秋季毛衫；办妥去波斯（伊朗）的手续，经过长途奔波，终于到了巴基斯坦和波斯交界处。从穷困的南亚次大陆进入了更穷困的中东。

《名人留墨集》中的印度地区部分见闻

An Introductory to my World Adventure.

From my childhood days, I had a natural liking for gymnastics + this liking was greatly intensified when I joined the grammar school, where I had a systematic course of training. It was then that the thought of a world adventure came into my mind. Opportunely, after my middle school career, the "China Touring Expedition" was formed, + I at once enrolled myself as a member. We started from Shanghai, travelled thru Chek-kiang, Fukien, Kwongtung, Hongkong, + went across to Anam. Here I parted with my comrades, + entered Saigon myself. I then took a bicycle + went to Siam. From Siam I turned to Malaya.

Now that I am in Singapore, I have made up my mind to tour round the world by bicycle, within the period of 5 yrs. My plan will be to visit India, Afghan., Persia, Arabia, + Turkey. to go thru Europe + America, and after visiting Japan, to return to China. The object of my adventure is to [see] the world, taking the universe as my school, the people + customs as my text books, the phenominal change as my teacher, + nature as my inspiration. I have determined to accomplish my task to do justice to myself + my nation.

《名人留墨集》英语扉页

第六章　潘德明的环球旅行

1. 阿拉伯世界

民国廿年（1931 年）十一月十二日，他跨越了巴基斯坦西部的贫瘠之地，到达了诺贡迪，这个位于边境的小城，被广袤的沙漠所环绕。

在沙海中，一条铁路线从巴基斯坦的基达出发，经过诺贡迪，一直延伸到波斯成为两国交通的重要桥梁。每当列车在这个小镇停靠，整个城市就像从沉睡中被唤醒，充满生机。

从内地来的商人由此前往波斯，旅行者们也纷纷聚集于此，使得这个小城变得异常繁忙。街道上人来人往，如同汛期般波涛汹涌。平日里宁静的小镇，在这一刻变得喧嚣而多彩，充满了异国情调。

潘德明写信给父母：

父母亲大人：

我于十一月十二日至波斯国与印度交界的地方叫诺贡迪（Nok-Kundi）.从 Quetta 到此地差不多可说是很荒野的沙漠，除了有条每星期开一次的客车的火车路和一条很不好的汽车路之外没有一个小镇。一共是三百四十里路。明天我就可以到波斯国，路太不好，大约需行一百三十五里，那个地方叫 Dugdap。下次给你们的信的信封上要贴波斯国的邮票了。

下次来信仍旧可以用上次在 Quetta 寄给你们的信封，就是波斯国得哈冷邮政局长转交。

别的下次再写，祝你们平安康健。

儿文希谨禀
民国廿年十一月十二日于 Nok-Kundimdia

十一月十七日，潘德明跨入了波斯国境，这片土地是东方文明的摇篮之一。早在两千年前的汉代，中国就与这片古老的土地建立了紧密的联系。历史上著名的张骞和班超，都曾踏上这片土地，他们不仅为开辟通往古罗马帝国的贸易路线，也为促进文化和经济的交流作出过不可磨灭的贡献。

这次穿越，使潘德明仿佛能听到古商队的沙漠驼铃，感受到那些使者留下的足迹。波斯丰富的历史和文化对潘德明来说，是一次全新发现。

潘德明写信道：

父母亲大人：

我很平安地到波斯国了。

波斯国不像印度地方的人差不多人人会说英文。他们受过教育的人大多只能说法文或俄文（因为靠近俄国，能够说英文的人很少很少。）我在印度的时候已经学会了几句应用的波斯话，所以言语上并不觉得很困难。

我很想趁这个机会在路上学一点点法文，因为法文在世界上也很有用处的。

文保明年是否在学校内读书？不论他在学校内读书或家内读书，每天早晨和学生意（注："学生意"是对学徒工的一种称呼）一样早的起身，练习写一张中文字，一张英文字。

别的下次再写，祝你们平安康健。

儿文希谨禀
廿年十一月十七日于
Dugdale.Pesaia

潘德明攀登至海拔一千两百米的伊朗高原，才体验了所谓的高原反应。这片高原，尤其是萨尔哈德地区，以剧烈温差而闻名，夏季酷热，冬季寒冷，春秋季节还常有狂风和沙尘暴。

在这片广袤的土地上，潘德明见证了"沙漠之舟"骆驼在尘土飞扬间缓缓前行的景象，稀疏的植被在沙丘中生长，展现出生命的顽强。

潘德明骑行，亦是享受穿越古老文明的生命快感。

波斯中部的一个小镇，暴风雪如狂兽撕扯着大地。镇上的药房里暖黄色的灯光透过窗户洒在厚厚的雪地上，给严寒注入了一丝温暖。药房的老板正在柜台后面擦拭着玻璃瓶。忽然药房的伙计冲进门来，对老板兴奋地说自己在远处公路上发现了一个廿岁出头的亚洲面孔的青年，骑着脚踏车，像风一样。

老板与伙计正说着，潘德明竟已出现在药店门口。那天他戴着一顶铜盆帽，身穿童子军服，短裤，长统球袜，着一双沾满泥水的皮鞋。他推开门，一股寒风随着他涌入药房。

潘德明进门后微笑着用他学到的当地话说："朋友们下午好，我叫潘德明，从中国来，想要……"

"就是他！"伙计一边惊呼，示意老板刚才讲的就是这个人。

老板找出柜台里的酒瓶，满满地倒了一大杯酒，"先来一口暖暖身！中国的侠客！"说罢热情地递给了潘德明。

潘德明喝了一口，直觉一股暖意如同一条直线直冲腹部，顿时浑身舒服。只是这酒对他而言是太"冲"了。他猛烈地咳了几声，紧接着就和老板攀谈起来。

不一会儿，那伙计就已经把这一切传遍了小镇："中国侠客正在药店里呢！"

镇长听说有中国侠客到来，亲自招待了潘德明，为他安排了镇上最好的晚餐。

潘德明看到了药房门前边有个磅秤，问老板："我可以称一下体重吗？"

老板允诺并亲自为他加上法码，喊道："壮士一百六十二磅！"

潘德明惊讶自己不仅没有瘦，反而增加了这么多体重，比出发时足足增加了三十二磅。潘德明满意地笑了，意识到自己更强健了。

波斯的公路，尤其是穿越萨尔哈德高原至法罕的路段是一条年久失修的石子路。潘德明骑着脚踏车艰难地前行。路上坑坑洼洼、高低不平，加之大雪纷飞，能见度极低，使行程极为艰难。潘德明双脚猛力地蹬车，车身跳跃，龙头不听使唤，稍有不慎，就会摔跟斗。

雪渐渐缓下来，潘德明发现了沿途土著居民锥形的帐篷，探究欲使他下车推行。在来之前他就听药铺老板说过，当地的部落之间很少联系，大多过着闭关自守的日子。他们关心的是骆驼、水源和椰枣。骆驼是土著人忠实的朋友，浑身都是宝。土著人像他们古老的祖先，在草地上放牧，这是他们的主要营生。他还听说土著人蛮狠的，见外族人就杀。此刻他发现自己并不特别畏惧，好奇心使他忍不住驱车靠近土著人那没有窗户的"毛屋"。

"毛屋"低矮的门需要躬身才能进入。潘德明杵在帐篷外正不知所措，毛屋门里钻出一位土著老者，看着眼前的健硕青年，并不很紧张，反倒把他让进屋。躬身进入的潘德明适应了一下昏暗的光线，看清了里面简单的陈设，毛毯、陶罐、羊皮水袋，以及一些挂着的皮张和绳子，日用品几乎都是手工自制的。

接下来就是他意外地受到了整个部落土著人的热情款待。他们请他吃椰枣和驼肉，喝自制的椰枣酒，相待如故亲一般。

潘德明发现，牧民的衣着打扮很有意思，长衬衣外边套一件宽舒悬垂的上衣，腰里扎一条带子，头上蒙一块披巾，还用细绳子扎妥。潘德明在这些简陋的帐篷里，消除了旅途的疲劳，当晚还舒舒服服地在人家用整张驼皮制成的单人小床上睡了一觉。

尽管外面的世界变化莫测，一路上的人们依然坚守着他们自己的传统和信仰，用他们特有的方式给了潘德明最真诚的关怀和帮助。

自踏入这片土地以来，潘德明骑行了数千里，却未曾邂逅一位同胞。

途中，他听闻五六年前有两位中国人在波斯与苏俄边境开设了一家茶叶铺，但生意萧条，最终关门大吉，远走他乡。

1931年岁末，潘德明抵达了离德黑兰数百里的一个小县城。在这里，他被一位曾留英的博学的县长热情接待，并留宿于其家中。两人相谈甚欢，县长对潘德明的旅程充满兴趣。

随着圣诞节的临近，潘德明计划前往德黑兰，但县长却希望他能多留几日。12月24日，一位来自德国的旅行家也恰好来到了县长家。两人虽路线不同，却因共同的旅行梦想而意外聚在一起，他们分享着彼此的见闻，直至晨曦初露。

德国旅行家得知潘德明独自骑行了如此漫长的路程，他的眼神中闪烁着敬意，这敬意如同电流，瞬间击碎了他心中对中国人固有的成见。

德国旅行家在告别时非常真诚对潘德明说："潘先生，您的勇气和决心令人钦佩。您不仅消除了我对中国的成见，还让我看到了中国民族的希望和未来。虽然我们路线不同，但我希望您的足迹能延伸到我的祖国。保重，朋友！"

潘德明被这位异国同好的真诚所感动，他意识到自己的旅程不仅是个人践行梦想，更关乎祖国的尊严与荣誉。他深感中国需要更多的有志青年来洗刷"病夫"的耻辱，向世界展示中国人的坚韧与活力。

带着德国旅行家的祝福和这份日益清晰的认识，潘德明再次踏上了旅程。

潘德明千赶万赶，依旧没有赶上波斯首都德黑兰1932年的元旦。他在1月3日到达德黑兰。

潘德明在波斯特意学习伊斯兰教的清规戒律，避免旅途中再生误会。

在德黑兰的几天里，潘德明参观了富丽堂皇的王宫，游览了德黑兰大学和博物馆，并在清真寺里观察穆斯林的礼拜，感受了这座城市的主流文化和宗教的氛围。

　　1932 年 1 月 11 日，潘德明在德黑兰办好出入境护照，经过半个月的骑行，来到伊拉克最大的海港巴士拉，一路南行，来到受英国保护的酋长国科威特。潘德明的目的是想经过科威特穿过小内大得沙漠，直驱沙特阿拉伯首都——利雅得。

　　当天潘德明写信回家：

父母亲大人：

　　廿一年一月三日我很平安地到了波斯京城 Tehran 德黑兰。第二天就在邮政总局内接到你们寄到印度 Delhi 德里陈添先生那里由他儿子"耀法"转寄来的二封信，那二封信在去年十二月十二日就在德黑兰邮政局内了，现在我把三张信封和二张信纸（是耀法寄给我的）寄给你们，请你们好好地保存起来。以后给我的信可以寄到耶路撒冷邮政总局留交。

　　（最好请你们查一查地理书，耶路撒冷是否是属于土耳其，因为我记不清楚）。

　　在去年圣诞节的前三天，我尚在离德黑兰约三百多里的一个城里，那时候我很想在圣诞的前一日能到德黑兰和美国人过圣诞节，所以我决定坐汽车一直不停地到德黑兰。可是不巧得很，在离德黑兰一百多里的一带地方，下了很大的雪，天气非常之寒，所以路过的汽车很少，每天所有的一二部汽车，都装满了货物或人。没有法子，只好在那里等候，眼见着圣诞节过去了，新年又将到了。那新年和圣诞节不是波斯人的，可说是欧美人的。他们的日历和阳历不同，他们的 newyear 还有二个月。他们的公共休息日，不是星期日，是星期五，因为波斯国的人民，差不多可说完全是回教徒，在最大的城市内像Mashhad马什哈德,Tehran德黑兰等也不过七八十个基督徒，小城市内简直难找到一个。

在那个城市内，我是住在县长（本城）的家里，那个县长是在美国留过学的，是一个有知识的人，所以请我吃得很好，睡也睡得很舒服。在那里的第二天（廿四日）来了一个德国世界步行家，他同我住在一处，我们本来是同志，说的谈的都是很有趣的。他说离开德国差不多有四年了，在三个月前，他尚有一个伴侣是美国人，到土耳其的君士坦丁堡的时候，遇到了一个本国的女子，就娶了她回国了。他很愿意有一个像我一样的人同行，可惜我们的路线大大的不同，他是由西到东而回国，我是由东到西而回国，不然倒是很好的。

自从上海出发到现在，除了印度的 Simla 和 Kaohmis 比较凉一点之外，天气没有冷过，差不多天天穿一身单衣。假使这次我走在波斯南方的话，天气是和春天一样的。我很想知道我行在天气大寒的地方身体是否康健。那时我还想写一封信给你们，要你们寄一点丝绵来，因为丝绵又轻又暖热，是适合于一个旅行家的。后来我想太麻烦了，因为至多一个月之后就用不着了（再有半个月我就要走到天热的地方了）。

大约一个月前吧，我行在路上见一个水坑潭已结了很坚固的冰，我很奇怪，我知道天气是比较寒一点了，但是想不到会结冰。我身上只穿一条单内衣（布的），一条羊毛线衫，和一条单制服，下身二条单裤。新买的一条很厚的羊毛线衫（是十五卢比在印度买的）还没穿上，身上并没有觉得冷。隔了一星期在一家药房前的磅秤上磅一磅身体，结果真出我意料之外，会有一百六十二磅，我有一点不信，以为那磅秤坏了，所以换了家称一称，结果仍旧是一百六十二磅，看看自己的手臂，的确比从前粗壮多了。遂知道旅行已使我的身体成了很强健的了。

　　附寄上的一封信是陈添先生大儿子写给我的，看了他的信就可以知道他处于很悲苦的环境之下了。陈添是一个没有学问的木匠，他娶了一个本乡的乡妇，就生了两个儿子，一个大儿子就是耀法。十多年前，他的运道很通，渐渐的做了大包工头，身边一有了钱，就觉得自己的老婆太难看了，本来是乡人娶乡妇，不久就娶了一个很美丽的妻子，她能说很好的英文，也能写，是一个皮鞋富商的女儿。当然陈添娶了这样一个美女，哪里还把原有的老婆放在心上呢？耀法的母亲气不过，就离开她的二个儿子，不知道哪里去了。那时耀法只有八岁，后来新娶的妻子生了三个女儿，现在大的是十六岁，次的是十四岁，最幼的是八岁，大的和次的女儿都在贵族学校内读书（每年每人大约四百多卢比，所以我称他贵族学校），耀法和他的兄弟从小到现在没有读过书，跟着父亲做工。耀法今年是廿一岁，是一个很有志向的青年，在工作之后就跟着能识中国字的人读书，他也很喜欢画画，在他的房间内的壁上满挂着自己的作品（图画）。看了他给我的信就可以知道他是很聪明的了。他的信中第三 paragraph 上说"至你勉励我的话我实在感激不已"。因为我给他的信上说"朋友！记着吧，美国的福特他也没有进过学校读过书，他所做的事，什么博士硕士都及不上他。是的，只要我们有志向，不灰心地做，不怕没有成功的一日，我们大家勉励着吧"。在我离开德里的前一晚，他的后母生了一个儿子，你们想他以后的环境一定比从前更恶了。

　　旅行家是很有趣的，像我去见一个大官的时候，时常感觉到"阎王易见小鬼难当"，像这次在德黑兰去见一个总司令和行政院长等国家大臣的时候，看门的卫兵等时常叫我立在门外立半个多钟点，故意慢慢地去报告，因为他们见总司令的贵客都是坐汽车来的，没有骑脚踏车来的。后来总司令见了我的卡片是一个旅行家，就接见了我，待我很客气，旁边几个二粒星的军官（团长等）都是立着的，我是一个客人，当然是坐着的。当出来的时候，看门的小兵面孔几乎赫青了，因为他在先前大声大气地叫我立在门外。

为什么一国的官长待旅行家很客气呢？是因为他们知道旅行家要拍照片做一本书的，假使待得不客气，是对于国家的脸面有关的。我明日离开德黑兰。

别的下次再写，祝你们平安康健。

儿文希谨禀
廿一年一月十一日于德黑兰

这一天，潘德明来到了科威特。科威特被一片无垠的黄沙覆盖，零星的绿洲像是沙漠中点缀的宝石，整体展现出一种荒凉而又顽强的生命力。

科威特人性格开朗、健谈好客。得知潘德明来自遥远的中国，他们热情地用亲吻手和前额的礼节表达对他的尊敬和欢迎。潘德明被这份热情深深打动。

在科威特的街头，潘德明注意到了当地人独特的服饰。男人们身着"布什特"长袍，头上包裹着白色头巾，用黑色头箍固定。他了解到，这些服饰根据社会地位的不同随季节呈多种变化，每一种都承载着阶层文化的意义。妇女们则身着黑色长袍，脸上蒙着面纱，只露出一双眼睛。这种传统的服饰让潘德明感受到了文化的差异，同时也让他对科威特社会有了更具体的认识。

潘德明与当地人交流，既了解他们的生活方式，同时也分享自己的旅行故事。

冬季的科威特气温温和，尽管是一年中雨水相对较多的时节，但整个国家的年降水量也不过二百毫米，这对于干旱的沙漠环境来说，不过是杯水车薪。科威特的街道上，甚至建筑物的顶部，都摆放着各式各样的盛雨器皿：木桶、陶罐、铁罐和雨布，这些都是为了收集宝贵的雨水。

由于缺乏淡水资源，这个临海的国家不得不采取措施，派出大量船只前往阿拉伯半岛，专程运输淡水以满足居民的需求。在科威特，水的价值远超过金子，它是生存之本。

正是这种与荒凉沙漠的长期斗争，塑造了阿拉伯民族勇敢顽强的精神。

潘德明翻开科威特的地图，目光锁定在一条通往伊斯兰教创始人默罕默德的故乡——利雅得的路线上。他将要在沙漠中骑行长达430英里的路。商旅们通常跟随驼队或车队一起出发，确保旅途中的补给与安全。潘德明经过一番打听后，并没有找到近期可同行的大部队，不得已，他只能仔细研究路线后，带足水和干粮，独自出发。

沙漠的气候极端，温差巨大，白天摄氏五十多度，夜晚却可能降至冰点以下。潘德明用布条裹住头部，多穿衣物以抵御烈日，始终尽可能保证身体的常温。但毕竟横跨沙漠与在印度时穿越密林不同，虽然没有猛兽，但是也无树荫遮阳，更无村庄投宿，最要命的是身上带的水一旦喝光，便只能去见上帝了。

让他始料不及的，还有沙漠里的飓风。潘德明行到中途，沙海之中狂风呼啸，千百吨的黄沙被它轻轻地提到空中，遮天蔽日。他迅速跳下脚踏车，趴在一条干沟之中，用铜盆帽和身体抵御着沙石的打击。他自嘲地想，这或许是沙漠给他的"见面礼"。

夜幕降临，沙漠呈现出一种诡异的美。落日的余晖染红了天空，晚霞如新娘般艳丽。

"此刻倒是凉爽的！"潘德明边想边看手表，已是晚上九点。他决定在夜晚行走，以避免白天的烈日。白天则挖沙洞休息，以躲避风沙。

如此行了几日，原本估算着备足的干粮和水已快耗尽，多日的暴晒暴寒，加之营养不良，潘德明几近虚脱，嘴上长满水泡。

潘德明试图继续前行，但身体已经不听使唤。他头重，身体疲软，努力站起来走，身体打飘。他咬紧干裂的嘴唇，告诉自己不能放弃。

绝望中，他似乎听到了远处传来的铃声。他不确定是幻觉还是现实，但声音给了他希望。他用尽最后的力气踮起脚尖向远方摇晃衣服，竭尽全力向那发出声音的方向嘶哑呼喊。

坚持得到了回报。一群前往科威特方向的阿拉伯骆驼队发现了他。他们骑着快马奔驰到潘德明身边，先用皮囊中的水浇醒了晕乎的他。他用阿拉伯人的礼节亲吻了救命恩人的手。

在骆驼队的帮助下，潘德明恢复了体力，并继续他的旅程。

潘德明终于抵达了利雅得，这片沙漠绿洲虽不及阿拉伯其他地区繁荣，却给他带来了一丝清新。他实现了自己的愿望，参观了清真古寺，然后决定沿着幼发拉底河前往伊拉克首都巴格达。

幼发拉底河及其邻近的底格里斯河对潘德明来说并不陌生。自幼他便听布朗嬷嬷说起过这两条河是世界古文明的摇篮，巴比伦文化就在这里兴盛，而六十进位制和阿拉伯字母的发明，都是阿拉伯民族对人类文明的伟大贡献。

随着严冬的结束，潘德明夜宿滨河城市希拉的一家旅店。从店主那里，他得知不远处便是古巴比伦的"空中花园"，这一消息让他兴奋了一夜。

第二天黎明，潘德明迫不及待地赶到"空中花园"。看见的是残垣断壁，这座公元前 6 世纪由尼布甲尼撒二世为王后米堤亚建造的奇迹只剩下了鸦雀盘踞的废墟了。

1932 年 2 月初，潘德明来到巴格达。

他小时候读过周桂笙的《新庵谐译》和英文版的《天方夜谭》，巴格达这个名字在他心中种下了一颗神秘的种子。那里有盗贼与魔法师，有神秘的魔盆和宝剑，还有能够腾空飞行的飞毯，以及那些胸膛上长着眼睛的奇异小妖。今日，竟真切地踏上了通往巴格达的旅程。这座古城被底格里斯河从西北到东南一分为二，河东的鲁萨法区是阿拉伯世界商业、文化、科学和艺术的交汇点。而河西岸则是豪华住宅的聚集地，各国使馆林立。河面上偶尔有挂着外国旗的炮舰缓缓驶过，但几乎见不到中国人。

潘德明买了张巴格达报纸来读，居然看到了日本兵在上海闸北与中国人发生了武装冲突。

二月八日，潘德明去信父母：

父母亲大人：

我于二月三日很平安地到了巴格达 Baghdadcapital。

一路上很多人告诉我关于中国和日本打仗的事，可是不详细，到了此地（Baghdad）买了一份当日的英文报，它用很大的字在最前面登着（专电）说二月二日的早晨八时半在上海的闸北，中国兵和日本兵打得很厉害，，马路上都是将死的人和已死的人。我知道你们是住在租界里的当然是很平安的。不过吃一点惊吧。我所遇到的人大多对我说，你为什么不回国去和日本人打呢？我回答他们说"中国人是不愿意和别国战争的，因为要遵守国际联盟会和巴黎条约。"

我好久没有见到上海的《申报》和《新闻报》了（自离印度孟买），所以收到这封信的时候，请你们买二份《新闻报》，二份《申报》，

要不同的日子(最近的四天)和全份(像本埠附报等都要寄给我)寄到:
(……地址……)

到 Baghdad 已经五天了，明天就要离开此地到 Syrian 叙利亚国去。在波斯国没有见到一个中国人。在此三天也没有见到一个中国人。第四天在路上见了一个是浙江温州人，后来在他住的旅店内又见了他的二个同伴是同乡人，到巴格达来做小生意(绸缎做的灯罩)的。一共住一个月就要到叙利亚去做了。他们告诉我离巴格达四里多路那里也有二个广东人是做木工的，到伊拉克已有十五年了，是在欧洲大战的时候的华工。除此之外就一个中国人也没有了。

别的下次再告诉你们，祝你们平安康健。

儿文希谨禀
廿一年二月八日于巴格达

(二月七日是中国的新年初一，在六日的那天很巧地遇见了三个中国人，当天晚上他们杀了二只鸡和羊肉等请我吃年夜饭，记得去年过年是在马来的槟榔屿，今年在此地，不知明年可否到美国过新年)

潘德明到达巴格达的消息引起了当地的轰动。他的故事早已在当地广为流传。当他抵达时，受到了人们的热烈欢迎。他向当地王室和市政府递交了名片，随即被伊拉克官员和巴格达市长以国宾之礼接待。在官邸的入口，两位身着传统阿拉伯服饰的儿童向他献上了椰枣和酸牛奶，这是对客人的尊敬和友好的象征。椰枣在伊拉克文化中有着深远的意义。

伊拉克夏季温度超过四十摄氏度。清真寺的尖塔在河岸上空的淡紫色晚霞中显得格外醒目，街头有戴着面纱的妇女、身着长袍的男子，还有时尚的女学生和忙碌的商人；老旧的双层巴士缓缓地载着乘客。但街角也有无家可归的老人和流浪儿童。空气中弥漫着诱人的莫丝古鱼的香气，小巷的尽头，传来古老而略带忧伤的音乐。

民国廿一年（1932 年）二月九日，是中国农历大年初三。潘德明向叙利亚的大马士革进发。穿越叙利亚沙漠是对身体和意志的双重考验。叙利亚的地图上可见，地中海沿岸是广阔的平原，西部是连绵的山脉，东北部则是起伏的丘陵。幼发拉底河贯穿中部平原，而叙利亚沙漠则像一位巨人般慵懒地躺在东南部的高原上，横跨数个国家。

穿越沙漠的经历与之前都有不同。潘德明经常看到朝觐的队伍从东向西行进，每个穆斯林，无论性别，只要身体健康、家庭生活有着落，一生中至少要前往麦加朝觐一次。

有些国家甚至组织骆驼队，护送着象征国家威望的"驼轿"前往圣地。这些驼轿装饰华丽，由一匹骆驼驮着，走在驼队的前面。潘德明在这些骑骆驼的队伍中穿行，甚至与急速飞奔的阿拉伯马队并驾齐驱。

潘德明从驼队中一位来自瑞典的探险家那里了解了一些当地风俗。这位探险家赠送了一个带有贴背铁条的背包给潘德明；还向潘德明展示了新奇的机械导航仪，说可以通过这种仪器在沙漠中辨别方向。并赠送给潘德明一个有机械导航功能的怀表状的东西。

祖母说过，这种神奇的"探宝"设备，救了祖父一命。

当时潘德明的心中只有一个目标——麦加。背上瑞典探险家送的奇特背包，由于背部铁条的作用力，行李的重量顿被分散，使他感觉轻了许多。那奇特的导航仪也使他的沙漠独行，能准确地辨别方位。

一天，他在沙漠中骑行，突然遭遇了一群阿拉伯强盗。这些强盗身穿传统的长袍，头戴头巾，手持老式的步枪和弯刀。他们将潘德明团团围住，并把他带到了他们的藏身之地——一个隐蔽的绿洲。

　　绿洲中有一个被棕榈树环绕的古老城堡，城堡内部装饰精美，中央是一个清澈的水池。强盗头目坐在他的宝座上，竟然显得儒雅随和。

　　他问了潘德明的身份和目的。不等潘德明回答，头目就亮出他们搜到的潘德明那块奇特的"怀表"，问潘德明这是何物。

　　潘德明的装备中实在没啥值钱的东西，除了这个怀表就是他的中国长相，让强盗们感到好奇。因此他们表现得友好，希望有点意外的收获。

　　"这是我辨别方向的，好让我在沙漠中不迷路。我是一位寻找古代丝绸之路的旅行家，来自中国。"潘德明坦然地回答。

　　"哦，那你找寻到你期望中的宝物了吗？"强盗头目问："你在沙漠里寻找宝物吗？"

　　潘德明后悔自己讲得有点绕，让强盗理解成自己是在沙漠寻找宝藏。万一强盗感又搜不出什么东西，可能索性一刀就杀了自己。他连忙补充："我不确定传说的真实性，我不为宝藏而来，只是想走一走祖先走过的路。"

　　那强盗头目皱着眉头问道："只为走一走祖先的路，你竟千里迢迢从遥远的中国，只身一人进入沙漠？"言下之意，绝不相信潘德明的话，似更确信他是来沙漠中寻宝。

　　"我随身携带的留墨集，便是我旅行的证据，我来到沙漠确实没有别的目的，如果你们不相信，我可以在离开沙漠之前，一直和你们在一起。"潘德明继续试探着说。但强盗头目似乎渐渐失去了耐心，潘德明的话在他听来有点狡滑，他说："离开沙漠？可以。如果你能找到宝物，我们会护送你安全地活着离开。"

潘德明不由得暗暗叫苦，如今他已经明白，再解释已经无济于事，如果自己不能为强盗找到宝物，那便别想活着离开！可茫茫沙海，自己一个外来人，哪里去宝呢？那位新结识的瑞典探险家倒是和他说起一些关于沙漠寻宝的事，但未被验证的事，如何当真啊！

潘德明试探性地提出一个交易：他愿意努力帮助他们找到传说中的沙漠宝藏，但作为交换，他必须安全离开。强盗头目同意了这个交易，但他有一个条件——潘德明必须先证明他的装备真的能找到宝藏。

于是，潘德明按着欧洲探险家教他的方法展示了他的机械导航仪，胡乱解释说通过精确的时间计算和星象观测，可以确定宝藏的大致位置。但利用言语上的不完全畅通，说得故意模棱两可，强盗也听了个模棱两可，他心里盘算在寻宝途中自己借机逃跑。

往后的几日，潘德明成为了强盗们的座上宾，他们用沙漠中稀有的水果和美酒款待他，而潘德明都来者不拒，过一日是一日，活一天便好吃好喝一天，渐渐和强盗们融洽起来，但他心知肚明这种状况长不了。最终，潘德明并没有找到任何逃跑的机会，但或许是上天眷顾，巧了，潘德明竟然在装模作样的寻宝尝试中，真的发现了一处隐藏的洞穴，里面真的藏有一些金币和珠宝。强盗们欣喜若狂，潘德明一身冷汗。最终强盗们遵守了诺言，把潘德明放了。

在告别的宴会上，潘德明这回真被奉为了上宾，除了美酒美食，还让他在一张豪华的床上睡了最后一晚。

次日醒来，他发现自己居然躺在沙漠中，但所有的装备都在身旁。他似有所悟，整装后骑上车，继续他的朝觐之旅。

后来，潘德明向别人讲述了自己之前的经历，大家都非常惊讶于他的冒险，他则更庆幸逃脱了强盗的魔掌，因为老天爷给了他一份"宝藏"，让他完成了真正的沙漠奇遇。

潘德明一到叙利亚首都，记者们便蜂拥而至，纷纷报道。

在叙利亚，潘德明在博物馆里看到的古代叙利亚人制造的玻璃，薄而透明、闪闪发光的质地令他叹服。他猜度世界各地的玻璃工艺可能都源自这里。

大马士革对潘德明也极富吸引力，他除了要去闻闻玫瑰，还要看看这地方何以被称为"花园王国"。大马士革的街道两旁有许多拱形顶棚，用以遮蔽阳光和雨雪；路面由石头铺就。当地人穿灯笼裤、尖头红皮鞋和大缠头；状若贵族的则骑马着白绸斗篷，还佩宝剑；妇女们一律戴着面纱。当地人家的大门都朝向街道开，小贩们的叫卖声音格外响亮。

当地市场有售地毯、台布和绣鞋，手工艺品鬼斧神工，尤其是那些用贝壳片和象牙片镶嵌在胡桃木上的精美图案，以及镶嵌细木工制成的糖果盒、香烟盒、首饰盒、屏风和桌椅。商人们穿着阿拉伯长袍，吸着波斯水烟，热情地招揽顾客。

当地人的餐桌上都用一种大铜盘，盘子上用银丝嵌成各种花纹，栩栩如生，有的铜盆上还刻有格言。而玫瑰，不仅是看和闻的，那可是人家重要的经济产业，甚至还是食品。

在大马士革游览后，潘德明便骑车往海法市挺进，途中越过戈兰高地，进入巴勒斯坦北部地区的加利利高原，总共一百六十多千米。

抵达海法市后，潘德明在费萨尔王大街的一家古老饭店中住了一晚，第二天他沿着蜿蜒的盘山公路，向着位于今以色列北部的加利利地区的拿撒勒城进发。潘德明在拿撒勒城结识了许多基督徒。他出生在基督教家庭并且上教会学校，从小就熟知耶稣基督的一切。潘德明参与了当地的礼拜，与当地人一同祷告，他引用《马太福音》中的经文，表达了他对这片圣地的敬仰。当地的基督徒们很喜欢他，反复用"Amen"给他肯定与认同。

然而，命运似乎总爱与他开玩笑。在前往耶路撒冷的途中，潘德明遭遇了扒手，失去了他最宝贵的财产——脚踏车、钱包和照相机。无奈之下只能以步行的方式，继续他的朝圣之旅。

耶路撒冷，这座世界闻名的古城，便是潘德明心中的圣地了。他只在梦里想过能亲临耶路撒冷，如今梦境成真。在这里，他感受到了三大宗教的神圣氛围。尽管遭遇了"不幸"，但他的心灵在这片土地上却得到了净化和升华。

那年三月，潘德明给家人写了如下两封信：

父母亲大人：

我于三月八日由叙利亚国到不尔司丁国 Palestine（巴勒斯坦）路上很平安。

不尔司丁国是英国所管辖的。就是耶稣生的地方，人家都叫它作圣地 HolyLand。大约五六天之后我就可以到它的京城耶路撒冷 Jerusalem 了。

……

四天前我在路上遇见了六十多个英国人，是从英国特地到耶路撒冷去游历的。因为现在此地的天气很好，不热又不冷，所以来游历的人很多。

我写这封信的地方是叫海法 Haifa，是沿海的一个城市，当地人所穿的衣服和住的房子同美国差不多，都是很好的。

在不尔司丁国至多不过廿天就要到埃及去了，到埃及以后的路线我还没有决定，等我到了埃及之后再定当。所以你们给我的信只好再等一个月写给我了。

别的下次再写，祝你们平安康健。

儿文希谨禀
九．三。一九三二
于不尔司丁国海法

父母亲大人：

记得我在小的时候想我如若能够到耶稣所到过的地方，一定很有幸了。想不到现在真的实现了，你们想我多少快活呀。

三月十日的下午到了加利利境内的一个城叫拿撒勒，你们可以看《圣经》上的马太福音第二章第廿一节到廿三节，在最后的一句中说他（指耶稣）将称为拿撒勒人。Nagaseth 意大利文作 Nagaset，在此地我是住在一个意大利教会的一个宿舍，是专门预备给旅行的人住的（CasaNova）。这封信的信封就是他们的。

这封信是一个很值得纪念的纪念品，请你们好好地保存起来吧。

我知道你们看到这封信一定很快乐的。

祝你们平安康健。

你的儿文希
一九三二年三月十一日于加利利拿撒勒城

民国廿一年（1932 年）三月底，潘德明去了约旦河及死海。约旦河是潘德明计划中朝圣之行的终点。

他来到约旦河东岸，见到许多朝圣者排成长队，队伍的最前端有牧师和唱诗班带领大家吟唱赞美诗并作虔诚祷告。潘德明也跟着队伍排着，原来这是受洗仪式。

潘德明一出生就被抱到湖州的教堂里受过洗，但如今到了约旦河，他要再次接受洗礼，他觉得很荣耀。他排在队伍中开始幻想告诉父母姐弟的情形：我在约旦河，耶稣受洗的地方接受了洗礼！

在基督徒心中，洗礼象征属灵的重生。能在约旦河受洗更是一种最荣耀的经历。

队伍很快排到了潘德明，他慢慢走进约旦河水中，坐下来，牧师把手放在他的头上，然后让潘德明完全浸入水中三次，这三次浸水分别代表圣父、圣子和圣灵。仪式结束后，潘德明心满意足地往死海方向前行。

死海是世界上海拔最低的湖泊，也是约旦河的注入地，它的盐度极高，是一般海水的 8.6 倍，这能使不会游泳的人轻易漂浮在水面上。潘德明没有去游泳，却发现死海里居然还有生物。

告别死海，潘德明计划了他的非洲远征之旅。这可不是原定的计划。然而自从与李梦生等人分别后，他便不完全按照步行团的原定路线跑了很多地方，现在又要从耶路撒冷出发前往以色列的雅法市，然后，沿着地中海沿岸穿越西奈半岛，最终到达埃及的开罗。

2. 埃及遇知己

民国廿一年（1932 年），潘德明从雅法启程，穿越了尘土飞扬的山路和郁郁葱葱的山谷来到了西奈半岛。这里大多是沙漠。自从失去了脚踏车，烈日暴晒和冷雨浇淋的无常交集使他不得不经常改道而用罗盘校正方向，行走的速度放慢了许多。

潘德明经常在沙漠中遇到"海市蜃楼"，久而久之，他就能够分辨真伪了。四月初的一个下午，潘德明在一个大沙丘背后发现了炊烟，他判断这来自阿拉伯人的村落。他走入村子，没想到立刻被村民包围了。由于语言不通，双方僵持了一会儿。后来，一位长老用阿拉伯语招呼他并邀请他共进晚餐。潘德明便用打手势回应，受到了村民的热情款待。

在村子里，潘德明了解到芭蕉树的多种用途，它的叶子可以遮阴，树汁清甜可口，果实类似香蕉，大叶子还可以用作屋顶建材。这些知识对他后来的旅途很有帮助。

此时正是种植花生和棉花的季节，潘德明还参与了当地的播种活动，并观看了带有宗教色彩的传统庆典。他深入了解了当地人民的生活。随着深入沙漠，潘德明发现食宿点越来越少。一天傍晚，他不得不在一个灌木丛地带露宿。不幸的是，他触动了树上的蜂窝，遭到了黄蜂的攻击。他用雨布遮住自己，忍受着疼痛，用火和烟反击黄蜂，成功地驱散了它们，倒收获了不少可口的蜂蜜。

第二天，潘德明跋涉到了位于苏伊士运河西岸的伊斯梅利亚。潘德明了解到苏伊士运河是开凿于19世纪的一项伟大工程，在人类历史上首次沟通了欧亚非的交通航道。运河的开凿使欧洲到印度洋的海上路程缩短了八千到一万千米，促进了全球贸易的发展。

潘德明从运河的南端出发一路向北。途中结识了一位埃及学者，叫迈德，约四十来岁。他对苏伊士运河的历史了如指掌，运河的趣事，包括建设过程及对埃及经济的影响。潘德明被深深吸引，决定跟迈德一起探索苏伊士运河。

他们来到运河北端的塞得港，又参观了塞得港的灯塔，这是一座高达184英尺的石造灯塔，每秒钟都会发出强烈的光芒，为夜间航行的船只指引方向。在塞得港的一家招牌为"雄狮"的茶馆里，潘德明和迈德与当地人一起品茶聊天，迈德抽着长杆的旱烟袋。茶馆的老板是一位热情的阿拉伯人，他听说潘德明是从中国来的，非常兴奋，特地请潘德明喝了他们店里的中国茶。潘德明用流利的英语分享他的旅行经历，茶馆里的客人们都听得津津有味，听到惊奇之处，爆发出一阵阵的掌声。而他的事迹很快就登载各报，传遍开罗全城。

潘德明和迈德乘坐一艘小船沿着运河前行。沿途，他们看到了运河两岸的人以农业为生，潘德明拍下了许多照片。抵达开罗后，潘德明便与迈德道别。

在埃及的热风中，潘德明抵达开罗，就被当地两位华侨兄弟王兆福和王世清热情地迎接。王兆福是华侨社区的领袖，他和弟弟王世清在开罗经营着一家小旅馆，为旅居埃及的中国人提供了一个温馨的家。他们对潘德明的

当年报道潘德明的版面

到来感到非常兴奋，因为他们听说了潘德明的旅行故事，对他的勇敢和冒险精神充满了敬意。

"潘先生，欢迎您来到开罗！"王兆福热情地握着潘德明的手道，他的眼神中闪烁着敬意。

"你们的好意让我受宠若惊。"潘德明微笑着回应，目光更被兄弟俩身后充满异域风情的城市所吸引。

王世清递给潘德明一杯热茶，继续道："今晚，我们将在旅馆为您举办一个小型的欢迎会。"潘德明点头表示感谢。他知道，这将是了解当地文化和结交新友的绝佳机会。

在旅馆的欢迎会上，潘德明遇到了中国第一批赴埃及的留学生纳忠和马坚。纳忠是一个热情而博学的青年；马坚则沉默寡言、心思细腻，看得出对潘德明很敬佩。

"潘先生，我们萍水相逢，但都有一颗振兴中华的心。"纳忠举杯道，眼中透露出坚定。

马坚也点头附和道："潘先生，敬佩敬佩。"

第二天，纳忠和马坚又唤来了他们的两位同学林仲明和翟志仁，于是五人结伴同游开罗。开罗商业区繁华，高楼林立，道路两旁排列着一幢幢别墅，是欧美阔佬们的优选居住地。

当走进贫民窟时，景象截然不同，污水横溢、臭气熏天，老人和儿童面黄肌瘦，流浪者随处可见。潘德明皱起眉头。

六月十四日，这几位朋友陪潘德明骑脚踏车游金字塔。他与朋友们一起站在金字塔前，纳忠兴奋地介绍道："这就是古埃及帝王的陵墓，象征着曾经的辉煌。古埃及是世界文明的发源地之一。文学、历法、艺术、科学都影响着西亚和欧洲的！"

潘德明仰望着金字塔说："我一定要登上去。要看一看拿破仑炮击过的狮身人面像！"

他们便一起攀爬上金字塔，潘德明气喘吁吁地到达顶端，顿感心旷神怡。在狮身人面像前，潘德明执笔写下了"古塔依然，法老安在"八个大字，举在胸前请马坚为他拍照留念。

在卡纳克神庙，潘德明被古埃及的壮丽景色所震撼。他站在巨大的圆柱顶上，俯瞰着古埃及的壮丽景色，心中充满了对古文明的敬仰。

纳忠指着神庙的遗迹道："潘先生，这里的一砖一瓦都是古埃及历史和文化的传承。"

潘德明敬畏无比。

返回开罗后，十几位山东籍的侨胞早已等候在旅店。他们的生活虽然清苦，收入微薄，见旅行家如此矫健奋发，定要解囊相助，为潘德明凑足横渡地中海赴欧洲的盘缠。这时，潘德明面有难色，不收吧，同胞的深情厚意，着实感人。收下吧，他们辛苦奔波劳累所得真的来

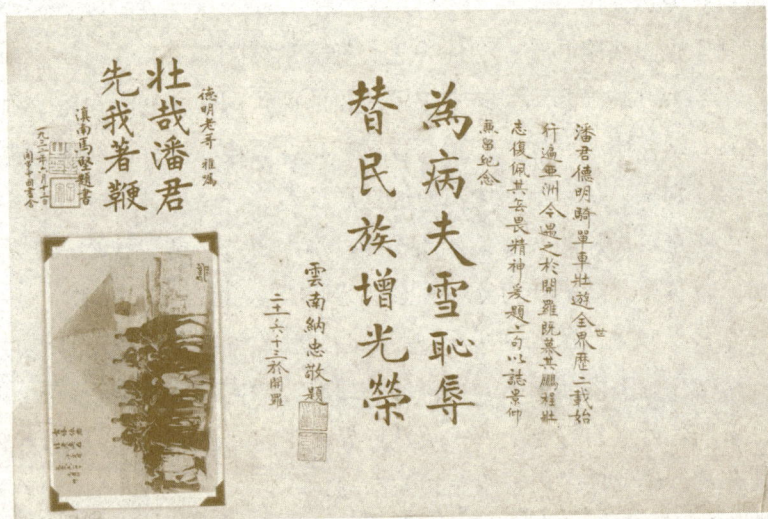

纳忠的题词

潘德明与纳忠、马坚、林仲明、翟志仁的合影

之不易。于是他再三辞谢。最后还是纳忠出面解了围，说山东兄弟们流落天涯海角，遇同胞不胜荣幸。古人说千里送鹅毛，礼轻情义重。收下吧！让大家安心。"纳忠说。

后来，纳忠陪同潘德明到亚历山大港，乘海轮横渡了地中海，以便潘德明之后的欧洲之旅。纳忠挥手告别："潘先生，祝您一路顺风，期待您带回更多的精彩故事。"

潘德明后来知道，中国派往埃及留学的第一批学生就是纳忠、马坚、林仲明和翟志仁。他们是将阿拉伯世界的文化传入中国的最重要的学者，他们后来翻译了中文版《阿拉伯通史》及家喻户晓的《一千零一夜》。当时他们与潘德明相遇后，一路跟随走过了两个城市。最终是潘德明劝他们早回继续课业，大家在不同的战场为祖国而战。离别之时五人合影。

3. 雅典奥运会

民国廿一年（1932 年）六月三十日，潘德明在埃及亚历山大港启航，跨越地中海，踏上了前往欧洲的旅程。尽管侨胞为他预订了头等舱，但他心中充满了不安。他并非因为资金短缺或缺乏亲友的陪伴而忧虑，而是在思考如何在接下来的旅程中，像一位优秀的接力运动员一样，完成下面的行程。

潘德明的远行并非逃避，而是为了更好地战胜自己，成为一个对国家和民族有用的人。两年来，他孤独地旅行，勤奋学习外语，阅读当地的书籍和杂志，广泛接触各界人士。他不满足于游记中的泛泛之词，而是用敏锐的眼光去洞察和分析社会现实。南洋、印度、阿拉伯地区和埃及的风土人情，以及劳动人民的苦难，拓宽了他的视野，使他坚信"以天然人事为教科书"的方法是有效的。他意识到，社会的贫富差距和人民的苦难并非中国独有，印度的饥荒、埃及的困境等，都让他深刻体会到这一点。

经过两天的海上航行，潘德明抵达希腊雅典，这里是西方文明的发源地。雅典的街道上，既有现代的高楼大厦，也有古代的建筑。潘德明在雅典办理了出入境手续，并请了一位向导。

在雅典的一座小山上，向导向潘德明介绍了古希腊最伟人的雕刻家菲迪亚斯制作的雅典娜雕像。这座雕像曾是希腊的无价之宝，但后来被罗马帝国搬走。雅典博物馆里陈列着 4 世纪的建筑和雕刻代表作，馆长亲自陪同潘德明观赏，特别是米罗和波利克里托斯的大型仿制品"掷铁饼者"和"执矛者"，以及拉斐尔的名作《雅典学院》壁画的复制品，加深了潘德明对文明古国的了解。

馆长还引导潘德明欣赏了德拉克洛瓦的《米索隆基废墟上的希腊》和《希阿岛的屠杀》，这两幅画是对希腊人民为捍卫国家独立与自由而捐躯的颂歌。潘德明在欣赏这些作品时，不禁想到了自己的祖国。他在报纸上看到中国不能参加第十届奥运会的消息，感到愤怒和愤慨。1932 年的奥运会在美国洛杉矶举行，中国因连年内战导致财政枯竭，无法派遣运动员参加，这对潘德明来说是一种耻辱。

他特地前往奥运发祥地——奥林匹亚。在公元前 4 世纪的古运动场遗址旁的石柱上贴上一张字条，他用中文和英文写下了两行大字："中国人潘德明步行到此"。这两行字是在向世界宣告中国人的坚韧和不屈。

潘德明曾在《名人留墨集》中写道，他自幼对体育有天生的爱好，中学时代这个爱好更加强烈。他梦想环游世界，把地球作为学校，人民和风情作为课本，地理变化作为老师，自然界作为动力。他决心尽最大努力完成自己的任务。得知国内不派队参加奥运会的消息后，他决心振奋民族精神，直奔古奥运会的圣地——伯罗奔尼撒半岛的奥林匹亚。

在奥林匹亚，潘德明为当年中国政府割让土地给列强，现在连奥运会都无法参加而感到耻辱。他发誓要周游世界，给世界以雷霆之声，让列强不敢轻视中国。他在奥林匹亚逗留数日后，前往伯罗奔尼撒半岛南部的阿皮道尔古剧场，这是世界上保存最好的古剧场之一。潘德明在剧场观赏了荷马史诗《伊利亚特》的片段《赫克托耳之死》，这让他的心情有所好转。

回到雅典后，希腊的《雅典新闻》于 1932 年七月九日（星期六）以《中国青年将步行周游世界——同潘德明的一次谈话》为题报道了潘德明的事迹以及他在埃及金字塔的照片。报道中提到了希腊首相维尼齐罗斯接见潘德明时的讲话，他从潘德明身上看到了东方古国的觉醒。维尼齐罗斯道："昨晚廿三岁的中国青年潘德明访问了我们的办公室。他或步行或骑脚踏车周游世界。潘德明先生中学毕业后没有进大学，他对我们说：'接受教育最好的学校是世界。他从小就渴望着旅行历程。'他昨天访问了我们，今天早上他又要上路了，将步行去拉米亚、伏洛斯、萨洛尼卡、君士坦丁堡（伊斯坦布尔）。在那里他将买一辆新的脚踏车，继续旅行到保加利亚、南斯拉夫、捷克斯洛伐克、奥地利、德国、法国、波兰等国。他纯洁、很有修养，不向欧洲人乞求经济援助。但他怎样生活呢？向国内的报纸杂志投寄报道和照片，用这些钱维持生活。他的行装就是随身所穿的衣服，一件黄色的军外衣、一件衬衫、一顶轻便帽、两双袜子、两双鞋子，并且还有一只皮口袋，里面放着他的笔记簿、地图和一本各国人民用各种语言祝贺他的纪念册。其中有中文、日文、土耳其文、波斯文、阿拉伯文、印地文、法文、英文和希腊文。"

　　七月下旬，潘德明登上了希腊北部的奥林匹斯山，这是全希腊最高峰，相传是众神居住之地。潘德明站在山巅，思考着希腊古代神话的起源。

　　七月廿三日，潘德明到达希腊第二大城市萨洛尼卡，之后东进，直插土耳其的伊斯坦布尔，跨过博斯普鲁斯海峡，抵达土耳其首都安卡拉。

　　潘德明写信回家：

父母亲大人：

　　一路平安地到达了希腊国北方的一个大城市萨洛尼卡。大约住三天之后就要到保加利亚国了。

　　从此地到法国路上差不多没有华侨，到了法国之后，就有很多很多的华侨。从那里起，我想要专门预备一本簿子给华侨题字，所以我要请你们给我买几张中国纸，寄到法国的中国公使馆，在那里我可以叫书店内钉成本子。

　　那种纸是很大的，大约有三尺阔、五尺长，是专门写毛笔的。不能写钢笔，因为纸很疏，一触就容易破的。中国人是用来写对联或中堂用（先写在那种纸上，然后裱在对联上）。

　　最好的这种纸价钱是很贵的，我们可以买比较贱一点的。我大约需要像这张信纸一样大小的三百张或四百张。你们可以整张的寄给我，不必裁开。

　　附上三张报纸是希腊文字在本埠（希腊京城雅典）新闻前面登着有关我的新闻。他们说我是一个中国勇敢的青年。

　　别的下次再写，祝你们平安康健。

儿文希
廿一年七月廿三日于希腊

　　一路上，他脑海里萦绕着古希腊人刻在埃佛勒斯峰上的格言："如果你想强壮，跑步吧；如果你想健美，跑步吧；如果你想聪明，跑步吧！"这格言鼓舞着他日夜兼程，阔步前进。

潘德明使用过的亚洲地图

4. 古代怪兽

潘德明克服关山险阻和无限劳顿，在民国廿一年（1932 年）九月初来到古代"丝绸之路"的终点——伊斯坦布尔（君士坦丁堡）。土耳其是当初"中国青年亚细亚步行团"拟定的行程终点。潘德明来到这里，算是完成了曾经的使命，他实现了步行团的誓言，也对得起自己放下一切奔赴的初衷。但这不是他的凯旋，今天的土耳其是潘德明继续远征欧美环游世界的加油站。从这一刻起，他不再是步行亚细亚的童子军潘德明了，而是追逐环游世界梦想的潘德明。

潘德明在九月八日给姐姐潘冰雪写信：

姐姐：

我于九月二日抵君士坦丁堡，九月八日（今日）离开，向保加利亚前进。

……

你说我一直走下去太无意义了，……不过我可对你说一句，我每天都向着应行的路上行，时时刻刻都在整备将来的（生活）。

我所希望的，或许是在最近的将来……做一个实用的工人或者有点希望。

祝你们平安！

弟

九月八日于君士坦丁堡。土耳其

十日后，给父母的信中道：

父母亲大人：

……

我……曾说要请你们买几张中国纸，那种纸是专门用毛笔写对联或画中堂用的纸张，很大，约有三四尺宽，五六尺长，上等纸是很贵的，我所要的可买最贱的（纸张愈薄愈好）。大约买能够钉成一本六寸阔一尺多一点长，三百页的书就可以了。

最近的时候你们写给我的信可寄到奥地利的京城维也纳，只要你们的信封上写经过西比利亚就可以很快寄到了。

别的下次再说，祝你们平安康健。

儿文希

18，9，1932

伊斯坦布尔曾是古希腊殖民地，坐落于博斯普鲁斯海峡两岸，控制着黑海的咽喉要道。1453 年，土耳其苏丹攻占此地并定都，更名伊斯坦布尔。潘德明到达时，共和国已经成立了九年。在当地市政府的官员陪同下，他参观了博斯普鲁斯海峡，目睹了临水而建的古堡、宏伟的王宫、圣索菲亚大教堂和多座清真寺。

站在海峡的西岸，眺望亚洲，别有一番感觉。

潘德明随后抵达伊兹米特，得知前往土耳其首都安卡拉有两条路线：一条是沿着铁路线，但需要绕远路；另一条则是从阿达帕扎勒市出发，翻越海拔两千余米的克罗卢山脉，直抵安卡拉。尽管后者山势险峻，常有猛兽出没，但他选择走这条近路。

时至初秋九月，潘德明步履艰难，不时被森林里的树枝钩住衣服，被藤蔓缠住双脚，或是被蜘蛛网蒙住眼睛，甚至在成堆的腐叶上滑倒。他曾在泰国、印度有穿越原始森林的经验，为了防备毒蛇猛兽，他手持木棍，小心翼翼地前行。饥饿口渴时，他会用树枝搭建吊架，煮水烧饭。几天下来，一切还算平安。

一天，暴雨来袭，潘德明迅速用匕首割下几片大树叶，搭建了一个临时的避雨处，但依旧全身湿透。雨后密林格外潮湿闷热，是蛇类活跃的时刻，潘德明不慎踩到一条小蛇，摔倒时木棍也飞了。突然，那条金银夹花的大蟒蛇向他扑来，张口就喷射黏液。潘德明试图去捡木棍，但已经来不及，大蟒蛇迅速卷住了他的身体。蟒蛇通常不主动攻击的，是潘德明踩到它使它误以为受到攻击，才进行反击。大蟒蛇将潘德明缠得几乎使他窒息，连他的的防身器阿拉伯腰刀也被紧紧缠住。在生死关头，潘德明想起了老话"打蛇打七寸"，随即攻击蛇的脑袋和咽喉部位，他用尽全力扼住蟒蛇的咽喉。大蟒蛇随着呼吸越来越困难，挣扎也变得更加猛烈，甩尾巴击打潘德明的头部。幸运的是，潘德明戴着铜盆帽，没被击昏。几分钟后，大蟒蛇的身体逐渐放松直至瘫软。潘德明担心大蟒蛇会再次攻击，于是更加狠命地擒住它，大蟒蛇终于完全松软下来。潘德明急忙挣脱起身，捡回木棍补揍了大蟒蛇几闷棍，连忙溜之大吉。

潘德明拖着疼痛的小腿，走得更小心了。他翻越了克罗卢山脉，抵达土耳其首都安卡拉。

安卡拉的气候炎热又干燥，高温超 40 度。

土耳其的国父凯末尔将军得知潘德明到达，便安排了会面。会面在一座破旧的寺庙里，很出乎潘德明的意料。凯末尔的简朴住所令潘德明油然而生敬意。

潘德明在凯末尔那并不宽敞的办公室里，大胆地提出了一个疑问："总统先生，土耳其独立后，为何要改革字母？难道字母与独立有何联系？"

凯末尔给潘德明作了详细的解答。潘德明对凯末尔的清晰见解和施政智慧既讶异又感佩；凯末尔对潘德明作为一个中国年轻人的进取心也颇为赞赏，于是他设宴款待了潘德明。

潘德明还去当地法庭旁听了一次审判，女法官在法庭上的公正无私给他留下深刻的印象。

九月八日，在去保加利亚的路上，潘德明遇到了一位充满激情的侨胞，他的眼神中闪烁着对祖国的热爱和对潘德明成功的期待。潘德明的《名人留墨集》有他的留言："亚洲已踏遍，请一鼓作气再征欧洲！"

潘德明曾考虑过在伊斯坦布尔重新购买脚踏车，以便远征欧洲。但后来他放弃了这个念头。一来欧洲交通极为便利；二来他认为徒步能让他更深入地接触社会。

民国廿一年（1932年）年底，潘德明抵达保加利亚。当地人民格外热情好客，也正因此潘德明不幸感染上了当地的流行病——马拉立。这个消息很快就传遍了保加利亚，甚至传遍了世界。对于保加利亚政府而言，这真是一件尴尬的事情，会影响国家声誉。于是保加利亚国王立即接见了潘德明，并要求全国最好的医生为潘德明及时治疗。

病后的潘德明

保加利亚的医生们全力以赴，用尽了最好的医疗资源。善良的保加利亚人不仅想治愈潘德明的病，更希望潘德明能够恢复得比原来更健康。经过一个月精心治疗和护理，潘德明已经完全康复，的确感觉比之前更加健康之后，保加利亚国王才同意让勇士继续旅程。

民国廿一年年底，潘德明写了一封长信给潘冰雪。他往往总是给父母报平安，跟姐姐诉说他的思想与感悟。在以下信中他讲述了他近年来的见闻与打算。

姐姐：

我在上海的时候，时常想如何到欧洲美洲，如何到一个工厂内工作，如何成一个工程师归国，如何使父母不以为我是白养的，像这样的理想遂有这样的勇气，不顾一切地向前进着，果然有志竟成使我到了欧洲。工业的国家都在我的眼前了，当我静下了心思，用我多了二年多所见识的头脑来细细地摹仿着入厂工作成工程师时，觉得有很多不稳的，迟疑在那从前以为很圆满的理想的道上。全世界都闹着失业的恐怖，前几个月在报上见到旅法失业华侨要求中央政府发船费回国，和美国失业者已达一千万之电讯，这种可怕的消息好似在那里告诉说：入厂工作不是随手可得，不是那么容易。入厂工作是做工人，灵巧的工人是做工头，假使工厂调换机械，必须经过工程师指导，否则所学无用，因为工人只知道作工，不知道学理。比方：工人只知道二乘三是六而不知道为什么缘故，所以二乘四等于几就莫名其妙了。所以要做工程师是要学理。学理是从书内得来的，所以要读书，要读书的话，那就苦了我了，因为我的学问太浅，入大学读书的资格还不够。我很相信有志者事竟成的那句话，假使我不怕艰难地做下去一定会成功的。不过时间、年纪、家的问题呢？我们知道我们的父母不是靠着遗产来养活我们的，也不是发了横财来养活我们的。是拿每日十六点钟的苦工得来的工价来养活我们的，在现在的时候，我们尚且不能减少他们的工作，我哪里可以在国外再住十年八年的只顾自己呢？

世界上的事往往会出人预料之外，说不定将来会没有像我现在所想的那样困难。不过我看现在的时势，料将来的情形也不能像以前的那样乐观，所以我要有一点准备，万一将来那困难临到身上时，不致有前功尽弃和不堪设想的一天。

我时常想我的旅行的目的不是在旅行也不是去看欧美的繁华，是因为无资渡洋到欧美去做我所愿的，所以除了买一张大的世界地图，基本旧有的地理书，一本学法文和一本学德文的书以外，对于一个旅行家所需要的学识，一点也没有预备。到了现在想不到旅行家竟是一种高尚的职业，在社会上也有相当的地位，他的进款不亚于工程师，他名誉到很响亮的，他所需要的是著作和摄影。

著作和摄影所需要的是材料，旅行世界的人经过的地方所见的都是好的材料，尤其是因为冷眼来看的人，比方一个住在牛棚内的人一定不知道臭味是如何的，从空气清洁的地方进去的人才知道这是臭味，也能够嗅出臭的味道来。如一个人没有这种相当的训练，就是见了好的材料，也会不知道它是材料。像我经过印度的时候照了很多的相片，以后一路上看了好几本人家所作的游记和杂志或画报上的照片，得了不少的学识，很可惜自己在印度的时候所照的无用，有用的有价值的却一张也没有照。

在马来的时候我曾写信告诉你们说我要照相投稿可得很多的稿金，此后也曾写了几次，可是直到现在连影子也没有见到，为什么缘故呢，就是我看人拍戏不吃力，自己要做就发生很多的困难出来了。如我以前投了稿，编辑先生看不中，不取，这不是笑话吗？不但我的脸面有关，连将来的稿子也要受到影响，所以我宁可现在不投稿，等到有一天有一点惊人的作品时，稿子也有价值了，自己的名也可以显露在公众面前了。

我的运道很好，在此地遇见了一个有名的摄影记者，他除了在本地一家报馆做摄影记者外，还投稿给各大埠的报馆和杂志，每月进款有三四百元（国币）。当我把我的情形告诉他之后，他很对我表示同情，他很可惜我有这样好的机会而错过了。同时他很希望我能够成为一个闻名的旅行家。这是我的机会，如能够跟他学摄影的话。果然他很大方地答应了我，我现跟他实习洗片，摄影投稿手续等。我决定一月十日前离开。幸得此地的生活程度很低，我住在一家寄宿所 Penaion 每月仅二千一百里佛（每百里佛合国币约二元）食和睡都是很好的。

我的意思并不是要像现在一样游荡一世，我看见很多的欧美旅行家，每年有二三个月的旅行，所得的酬报就很富足了，何况中国的旅行事业尚在萌芽时代，真待人开发呢。（以我所知仅友声旅行社及上海银行附设的旅行社等）

旅行的事业有兴趣又轻便。有别的职业时就可作附属品，我想到有这么许多的利益，所以我不惜现在牺牲几个月的光阴。

别的下次再写，祝你平安康健。

文希

索非亚 15，12，1932

告别保加利亚，潘德明启程去罗马尼亚，他写信给父母亲：

父母亲大人：

我在索非亚整整住了一百天，于一月廿一日出发去一个小城市叫佛拉察。再过去就是罗马尼亚国了。

以前我告诉你们的路线是由谷斯拉维亚国向匈牙利、奥地利而行的。现在因为知道由谷斯拉维亚不容易行，所以暂时决定改向北行，由罗马尼亚向匈牙利而行。

此地天气在这个月很冷，三天前下的雪是一块一块的，每块的大小比手掌还大一点，是我从来没见过的。祝你们平安康健。

儿文希谨禀
廿二，一，廿二
索非亚，保加利亚

5. 气节

民国廿二年（1933年）二月，潘德明抵达了罗马尼亚的首都布加勒斯特。

自和步行团分开后，他陆续听说一些其他队员的消息，心里也颇为挂念，他在给父母亲的信中写道：

父母亲大人：

二月四日的下午很平安地从 Bulgaria 到 Rumania，两国的交界只隔了一条河，在前几个星期天气很冷，河冻得很厚，不用渡船，步行就可以过了。这几天的天气很暖，冰渐渐地溶化了，所以一半是步行，一半是渡船。船夫很不好，不到二百尺阔的河要二百个里佛（约五六元），凡要过江的客人都是这样的付，政府也不能干涉他。过了河就到了罗国的朱尔朱城，再往下走就要到罗马尼亚国的京城 Bucharest。

关于亚细亚步行团的消息现在你们有没有听到，我想最好请姐姐打电话问问商务印书馆的黄警顽。此外凡关于亚细亚步行团自我离开后的报纸上的登载，如若你们尚能够记得那报纸的日子，可向报馆内去买来，最要紧的是李梦生和胡素绢二位队友的信息。从福建厦门回去的一个团员黄越后来我在报上见到说他发起一个什么东北垦植团，现在的结果如何？中国自亚细亚步行团之后，有没有别国团体像这样的发起？在亚细亚步行团出发之前，有一个全国步行团，后来我在广东时在报纸上听说出发时九个人，到北京只有二个人，因为在路上闹意见渐渐地散了，现在如何了？

这种问题我很需要知道，请你们很详细地告诉我，祝你们平安康健。

儿文希谨禀
布加勒斯特，罗马尼亚
7, 2, 1933

一个月后，潘德明终于拿到新护照，离开布加勒斯特，往奥地利方向挺进，他写信告诉父母：

父母亲大人：

做梦也想不到的，那护照一直到今天才寄来，中国的公使馆的办事真是太混账了。

今天是星期六，匈牙利的公使馆下午是不办公的。明天又是礼拜，只好等到星期一去领签证了。

这几天的天气很暖，寒暑表在六十三度。

别的下次再写，祝你们平安康健。

儿文希谨禀

18，3，1933

布加勒斯特，罗马尼亚

　　潘德明的故事从土耳其的边界开始，一路延伸至奥地利的音乐之都维也纳。

　　冒着严寒和风雪，潘德明横渡了多瑙河，从罗马尼亚的布加勒斯特到普洛耶什蒂的油田，再到匈牙利的布达佩斯，他见证了东欧的萧条与贫困。当他踏入奥地利时，顿感一切都变得完全不同了。

　　五月的奥地利，春意盎然，万物复苏。潘德明仿佛置身于一个音乐的天堂。

　　在奥地利的一个山村，他受到了村民们的热烈欢迎。村民们穿着节日的盛装，跳着华尔兹并鸣枪致意，这是奥地利人对贵客最隆重的礼节。

　　在维也纳，潘德明遇到了中国同胞王宗羲。两人一见如故，王宗羲在潘德明的《名人留墨集》上挥笔书就"万里长风"四个字，鼓励他继续前行。

　　潘德明好奇地问过王宗羲："贝多芬是德国人，为何奥地利人如此崇拜他？"

　　王宗羲解释道："贝多芬虽是德国人，但他在维也纳创作了《英雄交响曲》，所以奥国人一直视他为自己的同胞。"

　　在维也纳的一家咖啡馆内，潘德明与一群记者围坐在一起，其中一位电台记者提了一个请求："潘先生，您能为我们的听众随便说几句中国话吗？这样或许能让他们感到新奇。"

　　潘德明放下手中的咖啡杯，目光如炬地盯着记者，缓缓地说："记者先生，您真的认为随便来上几句话能体现中国话的价值吗？中国话，如同贵国的《蓝色多瑙河》一样，是艺术，是文化，是历史的沉淀，不应该被轻率地展示。"

记者不以为然地笑了笑，回答道："哦，潘先生，您太严肃了。我们只是想让听众感到愉快。"

潘德明声音更坚定有力地说："愉快？以牺牲尊严为代价？您是否知道，《蓝色多瑙河》不仅是一首曲子，它代表了奥地利的文化。如果施特劳斯在场，您会要求他快速弹奏《蓝色多瑙河》吗？您不会。因为您知道那是亵渎。"

其他记者被潘德明的言辞打动，他们的提问更加深入，关于中国的历史、文化和潘德明的旅行经历。潘德明皆耐心回答，话语中充满了自豪和友善。

潘德明计划离开维也纳后，途经奥地利等国，往瑞士进发。

6. 先驱

潘德明在春夏之交穿越了奥地利，翻越了阿尔卑斯山，感受到了大自然的勃勃生机。他的旅程已经让他变得成熟稳重，因为他结识了形形色色的人，从国家元首到平民百姓，每个人都给他带来了宝贵的经验。

潘德明经过了意大利的乌迪内和特雷维索，最终抵达意大利东北部以其独特的水乡风光而闻名的威尼斯。据说这座水城被150多条河道分割成120多个"岛屿"，由378座拱桥连接。这里的建筑和运河中的贡多拉小船构成了一幅美丽的画卷。

在威尼斯，潘德明乘坐小艇游览，感受着这座城市。在圣马可广场，他了解到圣马可是威尼斯的守护神，也是《马可福音》的作者。广场以石块铺就，三面环绕着皇宫，东边则是圣马可大教堂，以其大理石柱子和罗马式与拜占庭式建筑风格闻名。

潘德明在圣马可钟楼上俯瞰威尼斯，这座城市如同蓝色的梦境。他沉浸在《威尼斯商人》的故事中，直到教堂的钟声打断了他的沉思。

尽管威尼斯风景如画，但经济危机的影响使得游客数量减少。潘德明观察到那些出售鸽食的意大利妇女与上海的小贩并无二致，这让他从威尼斯的梦幻中清醒过来。

在导游的带领下，潘德明参观了马可·波罗的故居。《马可·波罗游记》曾经大大激发了潘德明对旅行的热爱。

从威尼斯启程，潘德明穿越圣马力诺，直奔罗马。

罗马自8世纪起便成为天主教的中心。这座"永恒之城"拥有2700多年的历史，是旅行家们探索自然、访古寻奇的圣地。潘德明抵达罗马时，天正下着雨。他冒雨行走在各个街区，到处是文艺复兴时期的宫殿、雕像、喷泉和纪念碑，以及破败不堪的贫民窟。然而，黑衫党青年在雨中呼啸，这一年，正值意大利法西斯党十周年纪念，墨索里尼的信徒们异常活跃，等他终于走到旅馆时，登记极为繁琐，警察频繁巡查，气氛紧张。

在罗马，潘德明深刻感受到了先驱们的影响力。古罗马帝国的先驱们，如凯撒、奥古斯都，他们的政治和军事才能塑造了罗马的辉煌。而文艺复兴时期的先驱，如达·芬奇和伽利略，他们的科学和艺术成就为后世留下了宝贵的遗产。他想象着古罗马的先驱们，如何在这片土地上建立起一个强大的帝国，如何将罗马的文化传播到欧洲乃至世界的每一个角落。他想到了罗马的法律和哲学，观赏着罗马的建筑和艺术，感叹着古罗马先驱们留给世界的宝贵财富。

壮哉此行

王宠惠于二九六海平

潘德明和王宠惠

在科洛西姆斗兽场，潘德明感受到了古罗马先驱们的残酷与荣耀。

潘德明还想到了利玛窦，这位沟通中西文化的先驱，他不仅将西方的科学和宗教带到了中国，也将中国的文化传播到了西方。利玛窦的努力，为中西文化的交流搭建了桥梁，他的贡献超越了时间和空间的限制。

在佛罗伦萨，潘德明仿佛能感受到先驱们的思想和创造力在空气中弥漫。他们的作品，不仅改变了艺术的面貌，也影响了后世的思想和文化。

在比萨斜塔前，潘德明感受到科学先驱们的勇气和智慧。伽利略在这里进行了他的自由落体实验，挑战了亚里士多德的权威，为现代物理学的发展奠定了基础。伽利略的探索精神和对真理的追求，激励着潘德明。特别在热那亚，哥伦布的故乡，潘德明感受到了探险先驱们的勇气和冒险精神。哥伦布的航行，不仅是地理上的发现，也是人类精神上的一次飞跃。

潘德明继续赶路，来到了那不勒斯，这座城市虽然景色迷人，但街道肮脏，贫民窟破败，犯罪盛行，让慕名而来的潘德明感到些许失望。再次越过亚平宁山脉，进入米兰。

六月，潘德明抵达被称为"世界公园"的瑞士。外交家王宠惠正代表政府出席"国联"大会，会上声明坚决反对日本分裂中国的企图。他与抵达瑞士的潘德明不期而遇，为潘德明题词：壮哉此行。

每到一个地方，潘德明都习惯性地学一些当地人的语言，多年来的旅行，也让他对自己的语言颇为困惑。在到达瑞士的信中他对父母这样描述：

父母亲大人：

　　我于六月十七日的中午，很平安地到达了瑞士国的京城 Been。
　　瑞士国的中国公使馆在日内瓦，听说那个公使是浙江湖州人，在国外遇见同乡一定比较亲热一点。
　　现在我说的中国话，自己不知道是哪里人，完全湖州已不能说了，只能说六成，上海话能说六成，国语带南京话五成，不是很有趣吗？
　　……
　　那从瑞士国一定是向法国去的，所以你们给我的信可以寄到法国的中国公使留交。
　　别的下次再写，祝你们平安康健。

儿文希

于瑞士国京

廿二年六月十八日中午

潘德明在瑞士游历了苏黎世、伯尔尼和日内瓦，在日内瓦受到了中

潘德明和在日内瓦的中国外交官们

国驻日内瓦公使也就是他在给父母的信中提到的湖州老乡，和来访的几位中国外交官们的欢迎与鼓励。中国驻瑞士公使胡世泽为潘德明题词："青年模范"。在准备动身去法国时，他又意犹未尽地写信给父母：

亲爱的父母：

明天的早晨我要离开瑞士的日内瓦向法国去。

在日内瓦很受中外人士所欢迎，也是我苦了三年所得的成绩，而得一点精神上的安慰吧。

附上的二张是"立在我左边的是中国驻瑞士国的全权公使胡世泽先生（兼任中国国联会代表办事处处长），右边的是新任中国驻荷兰国全权公使金问泗先生（曾任上海交涉员），其余的是高级职员。另外的一张是我和金问泗的七岁公子（曾在上海比德小学校读书数月）"。

这一张我照得很不好，眼睛也闭了。另外还有一张是照相店内照的，因为还没有洗好，所以不能寄给你们。等我到了法国再寄给你们。巧得很，在此地遇见一个上海人李永详，是第十七届国际劳工大会中国劳方代表及上海市总工会会长。他非常佩服我的勇气，他愿意在上海为我极力的宣传，同时我告诉他我不愿意自己替自己宣传的缘故是因为"眼见很多腐败青年只知道说的很好一点也不会做，言行不合是我生平所最痛恨的"。所以他更加地敬重我。

二十八日中午受胡公使的欢宴，下午是励行社的欢迎茶话会。

别的到了法国再写，祝你们康健平安。

你们的儿文希

于瑞士日内瓦

二十二年六月三十日晚

7. 少帅

法国的盛夏，古老的街道上空，弥漫着自由与革命的气息，令潘德明充满敬意和神往。

潘德明听说里昂的中法大学汇聚了许多怀揣梦想的中国青年，他决定去那里看一看。当他到达时，受到了郭麟阁、李瑞生、陈士文等十数位留学生的热情接待，他们对潘德明的冒险精神表示敬佩，并迫切希望他分享旅途中的故事。

在里昂，潘德明住在中法大学内。计划在法国国庆前赶到巴黎，体验那里的节日氛围。告别了热情的留学生后，他就向着巴黎进发。

七月初他到了凡尔赛，这座宫殿如同一颗璀璨的明珠镶嵌在法国的土地上，每一个角落都散发着艺术的气息。潘德明漫步在宫殿的花园中，欣赏着精美的雕塑和喷泉。金碧辉煌的宫殿内部，每一件艺术品都讲述着法国的辉煌与荣耀。

　　然而，当导游提到《凡尔赛和约》时，潘德明的心情变得沉重。他为中国未能收回山东半岛而感到耻辱，这让他深刻体会到了弱国的悲哀。在凡尔赛宫的兵器广场，潘德明更感受到皇帝奢靡的背后是人民的苦难，他心情沉重。

　　回到旅馆，他详细向旅馆老板打听了法国国庆的情况，次日清晨就出发去巴黎。

　　抵达时，整个巴黎已沉浸在节日的欢乐中。

　　潘德明首先来到了巴士底广场，随后前往了埃菲尔铁塔，他一步步爬上塔顶，巴黎的美景尽收眼底。在这里，他寄出了一张铁塔风景的明信片给家人，并且写上了自己的感悟——

　　多金的法国的京城巴黎是世界上最繁华的一个城市。纸醉金迷的舞场是很少数的富人所享受的。马路上到处睡着无家可住的穷人及失业的工人。

　　数十年后我踏上祖父潘德明形容的巴黎，依旧能看到那些"无家可归的人"。其实现在的流浪者并非巴黎本地人，而是由于现在的法国政府对难民的包容政策，导致更多"无家可归的人"涌入了巴黎。

　　潘德明当时还遇到一些来自中国的劳工，他们的生活让他感到同情。

　　巴黎的最后一天，潘德明在塞纳河边漫步；在蒙马特高地俯瞰整个城市；在拉丁区的小巷中品尝地道的法餐。

　　潘德明的到来引起了法国媒体的广泛关注，也引起了法国政府高层的注意。莱伯朗总统和达拉第总理，以及外交部长，都对东方旅行家潘德明表示出了极大的兴趣，他们接见了潘德明，随即巴黎的报纸上便满是潘德明的名字和照片。

尽管中国落后又贫穷，但潘德明的壮举和克服重重困难的勇气却让法国人震惊和敬佩。在爱丽舍宫的迎宾厅，莱伯朗总统引用拿破仑的话说："中国是一个沉睡的巨人，当他醒来时，全世界都会震动。"外交部长也补充说："中国若能善用人才，必将崛起。"

这些话让潘德明深感任重道远。

潘德明在给父母的信里讲到了他在巴黎十多天的见闻：

亲爱的父母：

在巴黎已住了十二天了，每天都是游玩的忙，大约再住十天就要向比利时去。

前天下午中国学生为我开了一个欢迎会，在他们的欢迎词内有一句话说："潘先生做这样空前伟大的事业，事前一定有很好的计划，有计划而能实行，是最使我们钦佩的。"因为他们感想到国内的要人能说不能行，所以说我是他们的好模范，是中国青年的先锋。

巴黎是世界上最繁华的一个城市，纸醉金迷的舞场是很少数的富人所享受的。马路上到处睡着无家可住的穷人。

……

七月二十日，有善辩外交家之称的中国驻法大使顾维钧愉快地接见了潘德明。

1919年的巴黎和会上，顾维钧为维护中国主权，拒绝签订将山东青岛割让给日本人的和平协议，引发了后来的五四运动。1933年夏天，这个中国青年最为崇敬的人在潘德明拜访法国总统勒布伦后，

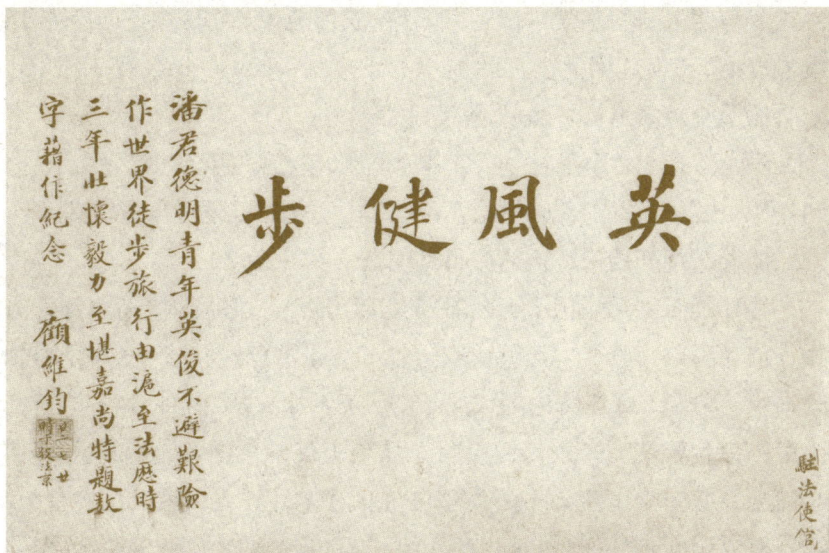

顾维钧在潘德明《名人留墨集》中的题词

邀他会面。在交谈中他们都感叹"中国的未来,只要合理使用人才,必将强大"。

顾维钧对潘德明印象深刻,决定给在法国治病的张学良打电话。张学良在巴黎的生活非常低调,以避免媒体的关注。但当他听说潘德明的事后,立刻表示出了浓厚的兴趣,急切地要见潘德明。

七月二十七日晚,一辆黑色的轿车载着潘德明穿过巴黎的繁华街道,停在了一幢幽静的住所前。顾维钧带着潘德明走进了客厅,请他稍坐。

不一会儿,顾维钧陪着张学良少帅从楼上下来。这天,张学良穿着一件短袖衬衫,脚上是一双皮凉鞋,显得精神焕发,和潘德明以往在报上见到的照片大不相同。

潘德明上前与张学良握手，张学良热情地说："潘先生，旅途三年，艰苦卓绝，汉卿敬佩之至。"

潘德明谦虚道："少帅过奖了。"

张学良笑道："你在亚、非、欧各地事迹，我已看过报纸；沿途所至，得到各界人士热情款待，想必增长了不少见识。还有什么趣闻，不妨聊聊？"

潘德明便开始讲述他的旅行见闻。

客厅的时钟敲响了十下，潘德明准备告辞，但张学良听得津津有味，请他再聊一会儿。潘德明叹道："我出国已经三载，从报上得知国内很不安稳，东三省沦陷，老百姓处于水深火热之中，许多华侨都为中国命运担忧。外人都说中国人是东亚病夫，我最咽不下这口气，我就要克服千难万险为中国人争口气！许多外国人资助我经费盘缠，我一概辞谢，我绝不要外国人的一厘一毫，我只收中国人的资助。"

张学良赞赏道："好！有志气！"

夜深了，潘德明还在向张学良展示他的《名人留墨集》，上面有各国要人的签名和题词。张学良在册子上慎重地写下了"壮游"两个字。

张学良邀请潘德明共进晚餐，最后亲自送他上汽车。

回到使馆，潘德明在床上辗转反侧，夜不能寐。他想着少帅在临别时说的"希望你一鼓作气，环游世界，为中国人争气"的赠言，感到倍受鼓舞。

在巴黎的日子里，潘德明特别想拜访那位以其卓越贡献闻名于世的科学家——居里夫人。他对她的勇气、坚韧不拔以及将一生的智慧和精力无私献给人类，却不为名利所动的高尚品质深感敬佩。然而，当他得知居里夫人正埋头于实验室的研究工作时，他意识到自己可能无法亲自向她表达这份敬意了。更遗憾的是两年后（1934年7月4日），那时潘德明已经踏上了美洲的土地，他得到了居里夫人去世的消息。他默默

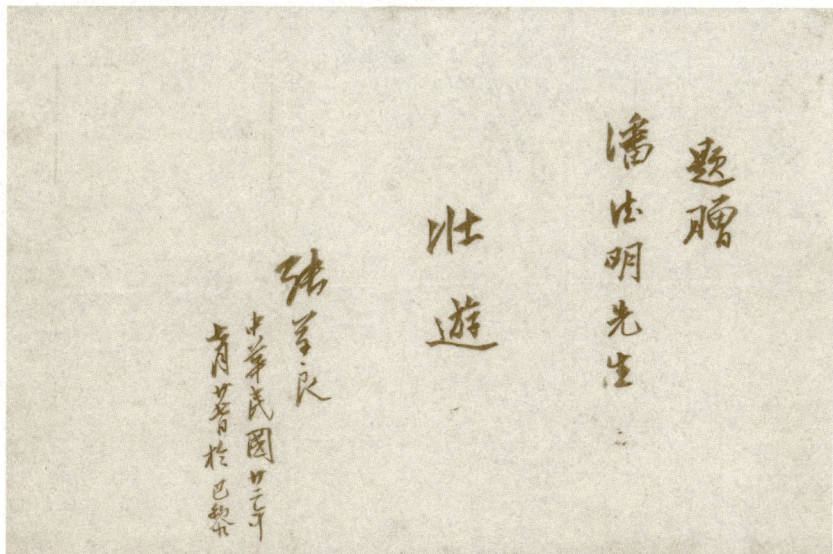
张学良在潘德明《名人留墨集》中的题词

地为居里夫人祈祷，希望她的精神和贡献能够被世人永远铭记。

七月廿九日，潘德明收到一笔来自张学良的资助。告别巴黎后，他便向比利时、荷兰挺进。

半个月后，潘德明抵达比利时，他写信回家：

亲爱的父母：

我在八月十一日进了比利时国，第二天中午就到它的京城布鲁塞尔。路上很是平安。

本来我想从法国直接到英国，在英国住一个月就乘船到美国，还可以看到芝加哥的百年进步大会，但事实上是办不到。因为我的旅费是人家资助的，做的事要照人家的旨意，到了欧洲不看德国，意大利，西班牙等有名的国家，觉得旅行太无意思了，只好在欧洲再多旅行七八个月，幸得所费的时间对于我是很有意思（利益）的。

在法国的时候我寄给你的：

一、一包零碎的照片；

二、单张照片；

三、五百法郎约合国币百元。

有没有收到？

来的信可寄到英国伦敦中国公使馆留交。

别的下次再写祝你们平安康健。

儿文希

比利时京城

廿二，八，十六

八月十九日，潘德明抵达比利时最大的港口安特卫普，那里有很多中国的水手，大多是广东人，据说五六年以前有一千多人，现在这两年大大减少，到今年只有八九十人了。在这八九十人之中还有很多无工可做的人，潘德明感叹道："世界闹着经济的恐慌，什么人都不幸。"

七天后，潘德明离开比利时，前往荷兰国鹿特丹，意外地被一千多名华侨包围，当时鹿特丹是华人最多的一个城市。当地华侨大多是轮船上的水手，轮船局的大量倒闭导致了水手的失业潮，于是他们大多生活困苦，很少有什么富商之类，但民族自尊心却似乎更加浓烈。

8. 德意志的演讲者

民国廿二年（1933年）八月三十日，潘德明抵达荷兰京城海牙。他感到荷兰的生活质量在欧洲要算最高了。每日的费用"旅店加吃饭"基本翻倍。此地中国留学生仅有二百多人，大多是从荷属爪哇或苏门答腊来的，都是有钱的华侨的子孙。

到海牙的第二日，潘德明遇到一位荷兰新闻记者，记者为他拍了照片，刊登在海牙最大的报纸上。之后由中国驻荷兰公使金问泗陪同潘德明晋见了女王。令潘德明意外的是，这次会见让他拿到了德国护照。

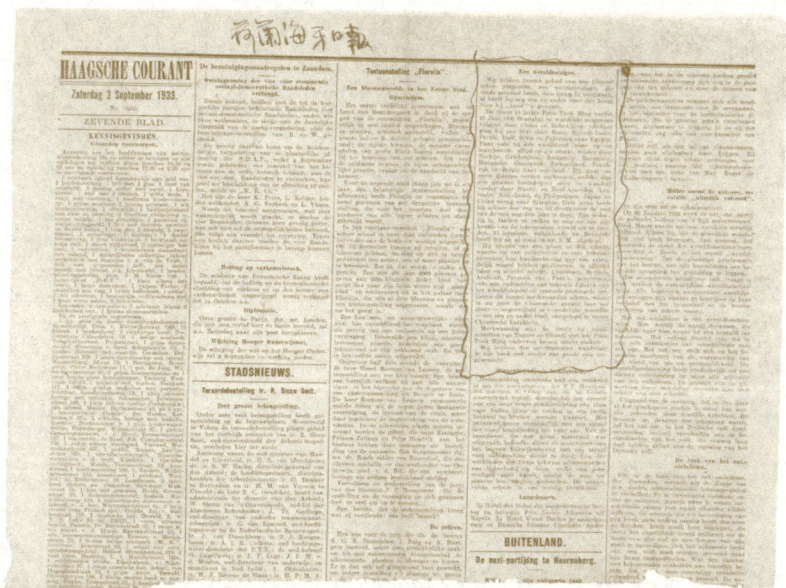

荷兰《海牙日报》对潘德明的报道

潘德明在荷兰阿姆斯特丹参观了拦海大堤，阿姆斯特丹的报纸非常称赞他的勇敢和志气。后他途经格罗宁根及北德平原，向汉堡挺进。

在1933年的冬季（潘德明抵德前半年），德国政局因希特勒成为总理而发生了剧烈变化，世界经济危机在德国达到了顶峰，大量的人失业。为了转移民众对国内困境的不满，部分德国法西斯分子从1933年1月起开始迫害犹太人。希特勒的追随者们焚烧了国会大厦，并诬陷是共产党所为，大规模逮捕共产党人，包括保加利亚共产党领袖季米特洛夫在内的许多人，反动势力的气焰十分嚣张。

潘德明为通过北德平原危险的沼泽地带，阅读了大量地理书籍，掌握了穿越沼泽地带的旅行知识，并准备了必要的用品。他还请了当地农民作向导，了解了沼泽地的气候变化及其他重要信息，这才启程上路。

潘德明来到北德平原，一片广袤的沼泽地仿佛是大地本身设下的陷阱，守候着不慎闯入者。潘德明时刻保持警惕，每一步都格外小心，他用手中的棍子试探着前方虚实。沼泽四周一片死寂，偶尔传来鸟鸣和远处溪水的潺潺声。阳光下的水塘反射格外刺眼，水面蚊虫成群如黑色雾障。潘德明的脸和手臂满是蚊虫叮后的红肿。夜幕降临，他点燃篝火，为了驱散野兽。穿过沼泽抵达德国最大海港汉堡时，潘德明已是狼狈不堪、精疲力竭。他写信给父母：

……

我今天已经到达德国的大城汉堡。路中很平安，接下去我要直接去德国的京城柏林，当晚八点半就可以到了。

自从比利时国经荷兰国到此地一路上的饭店都有卖一种生牛肉的菜，就是用很嫩的牛肉切细了放一点盐，再用一只生鸡蛋拌了吃，味道很好。

……

德国汉堡是重要的海港城市，它位于易北河下游，是德国的水上交通枢纽。由于水资源丰富、桥梁众多，因而有"北部威尼斯"之称。汉堡港与中国的交往由来已久，早在1856年，就有过90艘船只从汉堡驶往中国进行贸易。

潘德明抵德后听说，希特勒承诺"让德国每一户人家的餐桌上有牛奶与面包"，这对于被贫困和失业困扰的德国人是诱人的承诺。汉堡的居民也渴望从大萧条中恢复过来，而纳粹政府的公共工程和基础设施建设为他们提供了就业机会。

当时的汉堡见证了纳粹德国经济政策的初步成效。纳粹政府通过财政赤字开展大量的公共基础设施建设，包括高速公路网等，以刺激经济、促进就业。汉堡的贸易和航运业也因此得到了一定程度的恢复和发展。然而，这复苏背后蕴含了新一届政府对资源的控制和对私人黄金、外汇的管制，以及对犹太人企业更大规模的灭绝。

潘德明体会到汉堡的各个角落，深深地受到纳粹意识形态的影响。无论在窗台和教堂的尖顶上，都飘荡着"卐"字旗。臂上缚有"卐"字的褐衫党趾高气扬。商店的玻璃橱窗、照相馆、酒吧、咖啡馆、马路上巨大的广告牌、雕刻、铜铁铸像铺子里，挂满了希特勒的肖像。

潘德明遇上了中国同胞唐大钧，他告诫潘德明在德旅行要处处小心："从根本上说，别说东方弱国的人，就是所谓日尔曼血统的人，如稍不留心，也会招来杀身之祸。连德国有势力的人对纳粹冲锋队也是惧怕三分。"

经唐大钧的提醒，潘德明越发谨慎了。

潘德明参观了汉堡的犹太社区，亲眼见到了被破坏的犹太教堂和商店。了解到许多中国人在德国也遭到歧视，被纳粹视为劣等民族，忍受着种种限制。他开始记录自己的所见所闻，希望能够更真实地反映纳粹统治下的德国。

潘德明在汉堡盘桓数日，便沿易北河向柏林方向去，敏锐地感觉到空气中弥漫着一种紧张和不安。在下榻的"太子饭店"阳台上，潘德明俯瞰街道、车辆和匆匆而过的行人，深感每个人都惊恐于潜在的威胁。

潘德明也经常遭查询和盘问。每次他都拿出护照解释自己的来意。即使是面对记者，他也很谨慎，尽量回避涉及政治的问题。

那段时期，德国的媒体被纳粹严控，各种报道充满了煽动性。

九月廿六日，潘德明告别刘公使，便朝北欧挺进。

9. 海豹

潘德明带着对未知世界的好奇和对安徒生"旅行就是生活"格言的信仰，踏上了前往挪威的旅程，他很想去看看那些在冰天雪地里生活的人们。

20世纪30年代的挪威，以其壮丽的自然风光和独特的风土人情吸引着世界各地的探险家。潘德明第一站的目的地是挪威首都奥斯陆，一个人口约三十万的城市。

民国廿二年（1933年）十月十二日中午，潘德明登上海轮，穿越大贝尔特海峡和卡特加特海峡，抵达了奥斯陆。他被城市上空飘荡的鱼腥味所吸引，随处可见晾晒着的大比目鱼、青鱼、鳕鱼，以及船厂和锯木厂人们的忙碌景象。

在与中国驻挪威公使郑达明会面后，潘德明在奥斯陆市官员的陪同下，参观了"顿斯贝克"号捕海豹船。这艘船因其航海经验丰富的水手而闻名天下。

潘德明听说"顿斯贝克"号即将出发捕捉海豹，便决定冒险去亲眼看一下。

　　经奥斯陆市政官员的批准，潘德明当夜就随船出发了。船只绕过挪威南端，经过卑尔根，进入挪威海，向着北极圈进发。海面起初还算平静，但当"顿斯贝克"号进入北极圈地区时，大风狂吼，乌云密布。潘德明从未经历过如此剧烈的风浪，他感到头晕眼花，呕吐得很厉害，浑身无力。潘德明决定无论如何都要坚持下去，他要好好看看水手们是怎样在这样的海浪中生活并且工作的。在船长的陪同下，潘德明登上瞭望台，四顾茫茫，巨浪滔天。

　　风暴过后，潘德明竟然有些不舍，无边无际的浮冰在阳光下闪烁着奇特的光彩，巨大的冰山巍峨壮丽、形态各异。

　　突然，水手们发现了海豹的踪迹。船长命令关闭发动机，以免惊动猎物。潘德明和其他水手穿上白熊皮衣，登上小艇，绕着冰块驶去。这是他第一次参加捕捉海豹，在他登上小艇之后，还并不清楚自己要去做什么，这让他既兴奋又紧张。在水手长的指导下，他们划到海豹的下游，以免海豹闻到人的气味而逃跑。

　　小艇驶过一片片冰面，在冰上发现了许多小洞，水手长告诉潘德明，这些是海豹用来呼吸的洞。海豹用肺呼吸，每隔廿分钟左右就需要浮出水面换气。如果海面上结了冰，海豹就会在冰上挖洞。但这也给白熊提供了捕捉海豹的机会。不过，大多数海豹会在冰上挖许多洞，以迷惑白熊。潘德明正感叹海豹的聪明，身边的水手忽然将一把猎枪往他手里一塞，潘德明学着其他水手的样子，握住枪把，他头一回手持枪械，一时间有些不知所措。

　　小艇这时慢慢停了下来，潘德明举目望去，冰后随着一只海豹的头探了出来，紧接着便看到身后成群的豹群正在冰面上栖息。潘德明跟着水手悄悄地爬上冰块。身边的水手们突然大声叫喊，一时把海豹吓懵了，说时迟那时快，还没等海豹清醒过来，潘德明只听得耳边一阵枪声大作，未及反应的海豹纷纷中弹扑倒。潘德明后来对自己的孩子回忆这段时说："这枪声，太令人胆颤心惊了，我只是滥竽充数罢了，对着活物开枪，是断不敢的。"

冰块中央的海豹欲往水里逃时，又遭到水手排枪的袭击。逃得性命的纷纷跳进海水，荡起一阵阵浪花。一刹那水手们忙碌开了，他们把一只只肥壮的海豹拉上小艇，满载而归。

在捕捉海豹的过程中，一名水手带回了一只小海豹。他解释说，在开枪之前，他看到一只大海豹正在给小海豹喂奶，于是他决定在开枪前捉住小海豹。因为小海豹的父母极爱自己的孩子，当看到孩子将被捉时，会暴跳如雷击碎冰块。水手们必须迅速离开那冰块，以免遭遇危险。回到小艇上，那水手把小海豹往刚放下猎枪的潘德明怀中一塞。潘德明只觉触感温柔，小海豹毛发蓬松，活脱脱像抱了一个小孩子。他心中一片茫然，也不知是想了些什么，等小艇驶过一片平坦冰面时，潘德明将那小海豹悄悄放到冰面上，做了手势示意它迅速离去。

那些水手看在眼里，倒也不责怪，只是对着潘德明一阵嘲笑。潘德明不好意思地朝着大家傻笑，大家的笑声更响亮了，没有恶意，只有理解。

"顿斯贝克"号满载而归，船上举行了一场有趣的晚会。在晚会上，潘德明发表了感言，他赞扬了挪威人民的勤劳和勇敢，以及他们的航船遍布全球的辉煌成就。他还提到了挪威伟大的极地探险家阿蒙森，是他的探险成就激励着潘德明继续他的环游世界之旅。船长和船员们都表情自豪，船靠岸时，他们亲自把潘德明送上码头，"顿斯贝克"号更向潘德明鸣笛致意。潘德明目送着大船远离，心中久久不能平静。

潘德明的挪威之旅，尤其是与海豹的这次奇遇，让他终身难忘。他从挪威人民的勇气和才智中汲取了前进的力量。

10. 欧美世界

民国廿二年末，某个寒冷的冬日，潘德明站在英吉利海峡的甲板上，对着汹涌的波涛，回味着旅行的艰险。他踌躇满志，继续向东，踏上了前往瑞典的旅程。

在瑞典，潘德明再次体验了冰天雪地中的自然之美，日益强壮的潘德明在与大自然的挑战中找到了生命的乐趣。他在拉普人的帮助下，最终抵达了瑞典的首都斯德哥尔摩。他参观了皇家科学院，与世界著名的地理及地形学家、探险家斯文·安德斯·赫定（SvenAndersHedin 博士进行了深入的交流。赫定曾多次考察中国新疆及西藏等地，他向潘德明分享了大量的考察报告、探险实录、札记和图像等资料。

告别赫定博士后，潘德明南下荷兰。民国廿二年（1933 年）十一月廿三日，他从鹿特丹登上了前往英国的海轮。

潘德明已经有了航海的经验，在英吉利海峡的恶劣天气中，当其他人都蜷缩在船舱中时，他依然站在甲板上，直面着大自然的魅力。

抵达英国后，潘德明在海关的经历让他对世界经济危机有了进一步的认识。他目睹了英国海关对外籍人员的严格盘查，以及对外国人在英国就业的限制。这些经历让他意识到，即使是强大的大英帝国，也对外部世界的动荡感到担忧。

然而，当潘德明的护照被海关人员检查时，他的名字引起了一阵骚动。一位戴眼镜的海关人员在看到他的护照后激动地站起来，热情地欢迎壮士的到来。消息迅速在伦敦传开，尤其成为了当地华人社区的热门话题。

潘德明迫不及待地寻到小巴伦家，他要请阔别多年的好友作自己在伦敦的向导。遗憾的是小巴伦并不在家，他只能独自怅然回到中国留学生安排的中华协会里。在伦敦的浓雾中，潘德明格外孤寂，他独自漫步在泰晤士河畔，独赏伦敦塔桥的雄伟和大本钟的庄严。他参观了大英博物馆，还去了西敏寺，拍了许多照片。

在伦敦的一家旅馆里，潘德明匆匆给家人写信，表达了自己对伦敦的喜欢和对旅程的坚持："有志者事竟成，我非常快乐，能够让我到了自小所梦想的伦敦。"

他的感叹被一连串的电话铃声打断。除了中华协会的侨胞外，还有伦敦中国银行、中国酒楼以及福建和宁波同乡会等纷纷联系他，表示欢迎和慰问。

中午时分，中华协会的侨胞们以中华协会的名义举办了一次茶话会，邀请潘德明分享他的旅行经历。他的分享赢得了侨胞们的热烈掌声。但在这掌声背后，潘德明的心中却充满了复杂的情感。他看到了英国的繁华，西敏寺的庄严、白金汉宫的辉煌、大英博物馆的博大，惊叹的同时，也看到了街上反对饥饿的标语和报上失业工人贫病交困、吞毒自杀的消息，尤其华侨聚居地的不堪入目的惨境，让他唏嘘繁荣背后的阴影。

民国廿二年（1933年）十二月廿五日，潘德明接到国民政府驻英使馆的通知——英国首相麦克唐纳要在官邸接见他。这个消息让他既惊讶又兴奋。第二天，大使郭泰祁把他送到了英国政治的心脏唐宁街十号。这座首相官邸位于伦敦市中心的古旧灰墙建筑里，内部精致且充满历史气息。潘德明被带进了首相的办公室，精致的艺术品令他惊叹，尤其是墙上挂着的历代首相肖像。

麦克唐纳首相热情地接待了潘德明，他的眼睛里闪烁着智慧的光，对潘德明的旅行表示了赞赏，并用一句英国谚语来赞叹："经历是智慧之母。"他还提到了达尔文乘贝格尔舰环球航行时的冒险精神，鼓励潘德明继续前行。

潘德明意识到，无论走到哪里，勇气和坚持都是最宝贵的。在告别时，首相用一句中国成语"乘长风，破万里浪"来祝福他。

随后，潘德明又拜访了丘吉尔。衔着烟斗的丘吉尔在烟雾缭绕中赞叹潘德明的勇气，话语中透露出对世界的见解，让潘德明对英国的政治和社会有了更深的了解。这场会晤第二天上了英国报纸。

潘德明之后去了伦敦著名的皇家园林动物园。尽管已是初冬，园内依旧绿意盎然，游客络绎不绝。虽然他历经了无数的艰险，曾在野外用锣声吓退过猛虎，用棍棒驱赶过巨蟒，但这个动物园里的和谐还是让他感到愉悦。

在伦敦的街头，潘德明被一家商店的橱窗吸引，里面陈列着一辆破旧的脚踏车，与周围光鲜亮丽的商品形成了鲜明的反差。他走过去，透过玻璃窗，看到了那辆脚踏车上的每一道划痕，每一个磨损的痕迹。他的心跳加速，因为脚踏车正是他骑过的，他太熟悉了。他看到车旁边确实竖着自己推着车的照片。往事陡然涌入脑海，三年前，潘德明骑着这辆脚踏车穿越了印度的孟买。那时的他已经是名声在外的旅行家，故事被广泛报道，他的勇气和毅力激励了无数人。就在那时，一个来自英国兰令公司的推销员找到了他，愿意用一辆摩托车和一辆新车换他这部脚踏车。潘德明感到惊讶，他不明白为什么有人会对他的旧脚踏车这么感兴趣。"为什么？"潘德明问道。推销员解释说："你用的这辆车就是我们公司的产品。我们很需要你的帮助，为敝公司增添光彩。潘德明沉思了，这辆脚踏车已经陪伴他走过了太多的路，见证了他太多的冒险。但他也明白，继续骑着这辆除了车架外都已破败不堪的车子，确实难以继续他的环球之旅。最终他决定接受推销员的提议，但他不要摩托，只要换一辆新的脚踏车就行了。

他的确没有料到，两年后的今天，这辆破旧的脚踏车居然真就登堂入室，被置于伦敦如此高级的橱窗里，被当作人类进步的荣耀。广告上还标明："世界环游旅行家潘德明骑过的车子，轻便！结实！耐用！"潘德明不禁失笑，觉得这安排有点讽刺。

旁边的行人也注意到了，他们发现广告上的骑车者跟眼前的中国人一模一样，立刻就把他围住了。潘德明承认自己就是照片上的人，人群中立刻爆发出一阵阵欢呼雀跃。年轻人甚至把他举了起来，兴奋地喊："中国旅行家潘德明！潘德明！潘德明！"

潘德明被人们的热情感染了。

在之后的晚宴上，潘德明遇到了兰令公司的负责人。他对潘德明带来的广告效果非常满意，当即表示公司愿意赞助他的环球之旅。潘德明婉拒了，但心里非常高兴。他感到自己的行动是有意义的，能激励人去追求梦想。

潘德明对体育和科学同样热爱。某日，他踏上了前往格林威治的旅程，那里是全球标准时间的发源地。当他抵达这个历史悠久的地方时，他看到了那条著名的子午线标志，它由两条黄色金属线构成，从天文台内部的天体观测家雕像及其精密仪器下方穿过，镶嵌在格林威治的山丘之上，形成了一道独特的风景线。这两条金属线将地球一分为二，东边是东半球，西边则是西半球。

潘德明站在一个巨大的模拟地球仪上，双脚跨在子午线的两侧，象征着他即将跨越东西的旅行。他在这里拍下了几张照片，这些照片不仅记录了他的足迹，也预示着他的雄心。

我國步行走世界的第一人

三民畫刊
自強
潘德明
廿三‧三‧廿七

Poon Tuck Ming Arrives in Chicago After Hiking Around The World in Two Years and Seven Months. He Left Shanghai For A Hike in June 28th, 1930 And Will Keep on Walking For Three More Years. （黃傑攝影）

我國步行世界青年
潘德明君自述
一 從上海到安南
黃遠筆記

当年对潘德明的报道

·203·

潘德明在伦敦停留了将近一个月，意外重逢了张学良和几位国民党的高级将领。在伦敦的一家典雅的茶室里，张发奎和其他几位国民党高级将领围坐在一张圆桌旁，他们的目光都聚焦在潘德明身上。

张发奎轻声问道："潘先生，您的旅程已经跨越了亚洲、非洲和欧洲的廿余国，见识了世界的多样性和复杂性。那么，您接下来有何打算？"

潘德明深吸一口气道："外出三年，途经亚非欧廿余国。无论哪个国家，均有贫富悬殊。中国正在蒙难之时，我想以我区区之身为国尽忠。我想回国后继续到祖国内地青藏高原考察，那是外国人都特别感兴趣的地方，我想先他们一步去一探究竟。"

张学良将军听后微微一笑，赞赏道："潘先生聪明绝顶，毅力可佩！我也一贯提倡科学救国的思想。等你环游世界凯旋而归，考察青藏高原时，我一定给予方便！"他喝了一口茶，沉吟片刻说道："在去高原考察前，你应该先去美国看看，明日我们再约一回，可好？"

潘德明答应了张学良的邀约，与将领们再聊一会儿后，张发奎将军在他的《名人留墨集》上亲自为他题写了"民族之光"四个字，以此作为对他旅行成就的认可和鼓励。外交官颜惠庆和其他一些官员后来为他举办了一场宴会，其间他们给予了潘德明许多安慰和鼓励的话语，以及一些珍贵的赠言。

第二天，潘德明如约再次见到了张学良。张学良手中拿着一张"欧罗巴"号的二等船票，递给潘德明："虽然你誉满欧罗巴，但考虑到你的性格和作风，所以我替你买下这张船票。这便于你接近更多的人，了解更多的事情。"

"欧罗巴"号是五日内就能横跨大西洋的超级豪华邮轮，于1930年3月首航前往纽约，因其平均航速领先，从姊妹船"不来梅"

号手中夺得西行蓝缎带奖，邮轮可以搭载 2195 名乘客和 965 名船员。价格想必不菲。

潘德明接过船票仿佛接过一份沉甸甸的期许与嘱托，心中感慨复感激，郑重承诺："张将军，今后行程，德明定不负您及诸君的期望：目的不达，死不罢休。"

潘德明准备离开伦敦的最后一天，他回到他那辆被陈列在橱窗里的脚踏车前，心中充满了眷恋与感慨。他渐渐明白了旅行的意义，更清晰了自己的使命。无论最终是否能成功，他感谢兰令公司。自己若是失败了，未来或许也有人能记得有个来自中国上海的小人物。是的，他曾经来过。

潘德明在"欧罗巴"号上

11. 草裙舞

民国廿二年（1933 年）岁末，"中国旅行家潘德明"在英国利物浦的码头上，被成千上万的送别人群和奏着苏格兰乐曲《过去的好时光》的乐队所簇拥包围。他的心中充满了对即将到达的美国的好奇和期待。他也不由得思考，为什么中国人赴美需要比其他国家的人更多的手续和限制；但凡中国人，除原本的护照以外，还要具备单张特别护照，并要先由美国领事用公文通知纽约的移民局备案，然后才能登岸。这种待遇让他深感屈辱。

经过五天四夜的航行，民国廿三年（1934年）一月五日下午，潘德明乘坐的"欧罗巴"号终于抵达了纽约的哈德逊河。尽管伦敦的美国领事已经提前通知了移民局，但潘德明上岸后仍需应对海关的检查和移民局的盘问。这让他感到疲惫和不快。

纽约给潘德明的第一印象是光怪陆离。他被纽约华侨团体和中国驻纽约代表迎接，并被安排在大同公寓下榻。第二天，华侨《民气日报》以"我国步行世界大家潘德明先生"为题报道了他的到来，并预告了他将出席中华公所的欢迎会。

《民气日报》对潘德明的报道

潘德明在纽约帝国大厦顶楼

纽约，这个美国的经济中心，实际上是由纽约州和纽约城组成。纽约城最繁华的地方是聚焦了美国的金融和商业巨头的曼哈顿岛，华尔街就坐落于此。潘德明踏上曼哈顿，感受到了美国的活力。他仿佛置身于一个人种博物馆，看到了不同肤色的人，听到了不同的语言，也看到了不同的装束。这些来自世界各地的移民带来了各自的文化、传统和风俗。

在纽约街头，潘德明看到了罗马式、哥德式、希腊式的大厦、摩天大楼以及东方饭店、按摩院、裸体舞厅、狗餐厅、狗服装店等各式各样的场所。霓虹灯广告五光十色，各种奇形怪状的汽车如潮水一般。他也看到了一些人举着"罢工"字样的招牌在游行，警察挂枪冷面相对。同时，高楼大厦内灯红酒绿、歌舞升平。而乞丐似也事不关己地乞讨着，卖艺的琴声此起彼伏。

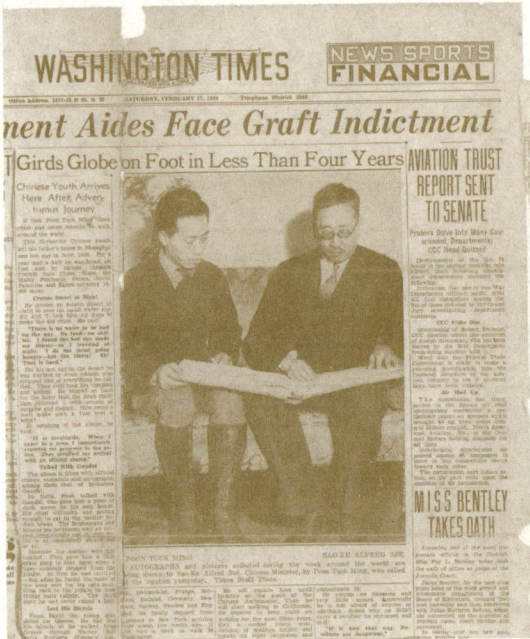

当地报纸对潘德明的报道

潘德明在城市的东边，看到了贫民窟，拥挤和肮脏与曼哈顿形成鲜明对比。让他对美国的自由有了更深刻的思考。

离开纽约，他前往美国的首都华盛顿继续他的探索。

二月四日，在途经特伦顿市时，他给父母写了一封信：

亲爱的父母

今天离纽约向美国的京城华盛顿行。当日就到了Trenton(特伦顿)。天气不冷，地上有很多前天下的雪。

你们如若有信可以寄到纽约中国领事馆转交。

c/aChineseconsulgeneralNewYork.U.S.A

祝你们

平安健康

儿文希
廿三年二月四日
Trenton,n.j.
附上纽约《民气日报》一张

· 208 ·

经过两周的步行，潘德明穿越了费城和巴尔的摩，最终在二月十六日抵达了华盛顿。

华盛顿是一座以美国首任总统乔治·华盛顿命名的城市。国会大厦的圆顶巍峨壮丽，白宫的建筑精美绝伦，华盛顿纪念碑高耸入云，林肯纪念堂庄严肃穆。当然，潘德明依旧看到了光鲜背后的阴影。

拜访华盛顿的致公堂后，潘德明前往中国公使馆，使馆位于离黑人居住区最近的街道上。其他国家的使馆都避之唯恐不及，纷纷迁移到西北和东北地区，而中国公使馆由于当时的国力仍然驻留原地。

在民国的风云变幻中，施肇基先生乃中国外交的一棵常青树。他的名字，与唐绍仪、陆征祥、王正廷等英美派外交家并列。1923年，袁世凯宣誓就职大总统，施肇基被任命为交通总长。尽管政局动荡，但他总能在朝廷的更迭中左右逢源，保持着自己的地位和影响力。

四年来，中国青年潘德明环球行的壮举广为传播，他的故事滋润

当地报纸对潘德明的报道

了那个时代华人干涸的心灵。当他抵达美国时，施肇基公使已等候他多时。施公使虽年事已高，右手也因年迈而颤抖，但他对潘德明的到来满心欢喜，兴奋地题写了"邦国之光"四个字。并且还专门手写了一封介绍信，以期潘德明在美国的旅程能够更顺畅无阻。

潘德明的事迹很快在《华盛顿先驱报》《华盛顿时报》《华盛顿晚报》等媒体上刊登。他的故事，被描述为"徒步环行地球，历时不到四年"，"经过惊险的旅程到达华盛顿"。《华盛顿时报》更是赞扬潘德明为"一个谦逊的年轻人"。

在施肇基公使的引荐下，潘德明得到了美国第三十二届总统富兰克林·德拉诺·罗斯福的接见。罗斯福，这位在世界经济危机中提出新政以加强国家资本主义的领袖，以其开明和远见，赢得了美国中产阶级和知识分子的拥戴。

当施肇基公使陪同潘德明走进总统的办公室时，罗斯福坐在他的手摇车上，早已等候着。总统热情地欢迎了潘德明，并认真地听了他的旅行介绍。他饶有兴致地一页一页地浏览《名人留墨集》上的题词；在看到潘德明搜集的邮票时，这个从小便对这些奇形怪状、花花绿绿的邮票充满兴趣的总统，眼睛闪着惊喜的光芒。立即请秘书取出他自己的集邮册，与潘德明一同分享起来。

当听说潘德明完成环球旅行后将要考察青藏高原，罗斯福建议潘德明加入世界探险家协会，这样就可以得到协会的指导和帮助。潘德明很高兴地答应了。罗斯福还兴致勃勃地建议潘德明到美国各处去走走，因为美国与中国有着同样丰富性地貌，先作些适应性的考察。

罗斯福兴奋地告诉潘德明："我也想旅行，也羡慕各种体育活动，要不是这半身不遂，我还想攀登加利福尼亚州的惠特尼山哩！"

罗斯福和潘德明的谈话是格外轻松愉快。潘德明从这位睿智刚毅的总统身上，看到了伟人的气魄和力量。这是潘德明在旅行生涯中难忘而喜悦的一天。

施肇基公使几次想起身告辞，但罗斯福总统摆摆手，友好地说："没关系，再坐一会，听听潘先生的谈话，是一件极有意义的事情。"

告辞的时候，罗斯福总统请秘书拿来一枚光闪闪的金牌，他说："潘先生，这是美国人民赠送给你——勇敢的人的纪念品！你应该得到这枚金牌！你应该享有这种荣誉！荣誉永远属于有奋斗精神的人！旅行家先生，在今后的旅途中，还要勇敢些！"

潘德明接受了这一礼品。接着，国务卿先生也赠给他一只带放大镜的微型指北针，作为纪念。

潘德明在回公使馆的路上，喜悦的心情还未平静下来。

在华盛顿的阳光下，潘德明的旅程又揭开了新的一页。成为"世界探险家协会"会员后，他的脚步并未停歇，而是转向了美国的工业心脏——匹兹堡，以及芝加哥、底特律和波士顿。每一座城市都留下了他的足迹，直到他再次回到纽约，稍作休整，继续他的旅程。

潘德明经佛罗里达州的杰克维尔，穿越墨西哥湾北岸的新奥尔良，最终渡过密西西比河，抵达了休斯顿。他在这里见识了印第安人的骑术表演。

在休斯顿的郊外，潘德明骑行到傍晚时分，忽然阴云笼罩，起风了，眼看大雨将至，他加快骑行速度，想寻个避雨的地方。一眼望去，远方似乎并没有可供躲藏的地方。不一会儿，果真大雨倾盆，将潘德明浑身淋了个透。一阵寒风吹过，瑟瑟发抖中的潘德明终于看见远处有一间茅屋，屋中似有灯光隐约透出窗外。潘德明迅速骑到茅屋前敲门，开门的是一位黑人老大爷，皮肤黑得发亮，皱着眉头，眼睛瞪得老大，相貌颇为渗人。潘德明心中一惊，壮着胆子表达自己想进屋躲避一下风雨。黑人老大爷听懂了，立刻舒展眉头和蔼笑道："赶快进来！"潘德明进门后发现人家屋内挺整洁的，他犹豫着，自己全身很脏，不太好意思进去。黑人老大爷反倒催促："人先进来！"边说边把潘德明拽进屋内。

黑人老大爷让潘德明在一张木凳上稍坐，立即去柜子里取来干毛巾和干的衣服让潘德明换上，还躬身收拾着潘德明脱下的湿衣，并说自己是看林子的护林员，一个人住在这茅屋里执勤。等潘德明换好干衣服后发现自己的湿衣服已在烤炉前的铁架子上烘着了。

大爷给潘德明倒了半杯黄色的烈酒，招呼他赶紧驱驱寒。

潘德明谢过喝了一大口，瞬间暖意涌上来，胸口火辣辣的。他好奇地问酒的名称，老大爷回答："这是合法的！医院的威士忌！"

"合法？医院？"潘德明很疑惑。

黑人老大爷慢慢解释给潘德明听，原来当地有禁酒令，尤其对黑人，所以他们往往会假借受伤去医院弄来合法的所谓医用威士忌。潘德明再看酒瓶子被自己喝得已经快见底了，心中非常感动。

老少俩在茅屋里相谈愉快，潘德明喊黑人"老哥"，黑老哥得知他从中国来，眉飞色舞地询问起中国的事情。还指指自己脚底下的方位，说挖通了地球就是潘德明的故乡。

黑人老哥请潘德明留宿了一宿，次日天亮雨停，屋外空气格外清新。黑人老哥高兴地要再多留潘德明几日，潘德明也很喜欢黑人老哥，便再多留了一天。老哥聊了很多自己同胞们如何开拓原始荒泽，披荆斩棘地为农场主扩充了无数的耕地；还为当地的矿主开矿。潘德明跟随着黑人老哥在森林中巡视，他发现林中有许多色彩绚丽的大蝴蝶，它们并不盘旋逗留，倒像是在赶路。黑人老哥告诉他："这是美州独有的彩蝶王。纤巧单弱，却能翻山越岭，每天能飞数十千米，且按季如候鸟一般南北迁徙。途中雄蝶是护卫又是向导，第二年回来，有三分之一的雄蝶命丧半途。"黑人老哥说着捡起一只地上的死蝶道："这就是过劳而亡的雄蝶啊！"这些故事使潘德明很震动也有几分莫名的怅然。

第三天一早，潘德明告别了黑老哥，往美国和墨西哥的边界方向前行。

一路上，他想着善良风趣的黑人老哥，想着不知此生能否再见，不知不觉中眼睛湿润了。多年后，他告诫自己的孩子："人性如一条无形的纽带，能将不同民族的人们紧紧相连。尽管说着不同的语言，穿着不同的服装，但内心深处对生活的向往和对真善美的追求是一样的。"

潘德明又穿越了无数的山脉和河流，到达了美国和墨西哥的边界城市帕索，途经圣迭戈（圣地亚哥）到达洛杉矶。

在洛杉矶，他首要关注点就是闻名遐迩的好莱坞。

好莱坞的确也对潘德明报以极大的热忱。当时赫赫有名的华纳兄弟公司制片人达里尔·F·扎努克（DarrylF.Zanuck）亲自陪同旅行家观看了他自己最得意的《爵士歌手》。

《爵士歌手》是电影史上第一部有声电影，它的成功标志着电影从无声到有声的转变。因为它是首次采用了同期声录制技术，所以这部电影里男主角的一句台词"等一下，等一下，你们还什么也没听到呢"，成为了电影史划时代的台词。那一天，潘德明为此爆笑，使扎努克特别开心，他决定再陪潘德明看他刚上映的《乱世春秋》。

能够被有声电影创始人陪同观看电影，年轻的潘德明太激动了。那一晚，他特别思念上海，特别是家人，尤其是姐姐和弟弟妹妹们。他多么希望他们也能坐在他身边和他一起共度这弥足珍贵的时刻。

之后，潘德明翻越内华达山脉来到了三藩市（旧金山）。

三藩市有着丰富的华人历史。尽管华人在金矿开采和铁路建设中都发挥了重要作用，但依旧遭受许多不公待遇，潘德明早已在书上看到过。真到达旧金山时，华侨们的热烈欢迎便在潘德明的心里引发的是抗争。他懂得自己的出现意义非凡，华侨们需要自豪感，而他就是自己民族荣耀的象征。故而潘德明格外认真地面对各种安排。

旧金山的市长罗士先生，也是一位热爱探险的人，他对潘德明的到来感到非常兴奋。他们的交流很投机，市长甚至写下了"愿从君游万里程，不愿留此市长职"的豪迈心愿。这让潘德明很意外也很骄傲。旧金山市长的这番真情流露，自然也成为了一时佳话。

尽管《旧金山观察报》以往一直对华人持有偏见，但眼下对潘德明这位连他们罗斯福总统都欣赏的旅行家，他们还是给予了很高的关注度。

转眼间，潘德明已在美国考察了半年时光。

为了赶上芝加哥的百年展览，他决定沿着内华达山脉和喀斯喀特山脉，一路向北。八月十三日抵达西雅图——那个北太平洋航运的重要起点，也是美国铁路的终点。

民国廿三年（1934 年）八月廿一日，《西雅图时报》在头版刊登了潘德明考察美国的报导。该报说："潘德明带来了使成百万美国乘车旅行者振奋精神的信息！"

潘德明沿途经过的城市，除了必要的拜访和参观，他绝不浪费任何时间。终于，在九月下旬，潘德明赶到了芝加哥。

百年展览的规模之大、声势之显赫，让潘德明感到震撼。他花了几天时间，仔细参观了工业、农业、电器、机械、医学、卫生、文化娱乐等每一个展区。

千里之行
起於足下

潘德明志士環游世界纪念

美國芝加哥三民畫刋社

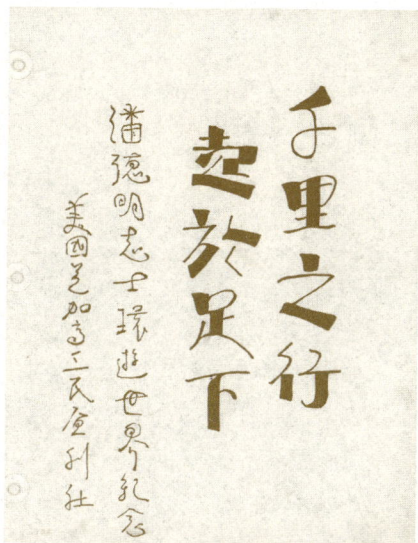

潘德明　　　　　　　　　《名人留墨集》中三民画刊社的题词

　　潘德明曾对华侨的《三民画刊》的记者说出过自己的衷肠："我希望未来，我可以将此处游历过的各国人们赠送的日用品，和我自己

　　在各国收集的关于社会、政治、经济、工业、教育等有价值的材料仔细整理，最终能开一个私人博物院。"

　　正是如此愿望，潘德明一路上相机记录不缀，他是在规划着他的私人博物馆。

　　也是在这段时间里，潘德明重新发表了《中国青年亚细亚步行团宣言》。这是几年前中国亚细亚步行团出发前做过的事，也正是这件事，激发了潘德明的行动。如今，中国青年亚细亚步行团只剩他一人了，但壮心不已，必须重发昭告天下。这宣言不仅是对自己的激励，更是向世界展示中华民族的精神和勇气。同时表明：中国人，说到做到。

潘德明在美国时的留影

美國芝加哥
廿三·四·十八

潘德明在芝加哥的留影

离开芝加哥，潘德明去到迈阿密，随后又游历了加拿大和古巴。

在加拿大，潘德明写信给妹妹：

小妹妹：

　　出嫁的出嫁，办事的办事，读书的读书，家里已有你一个人能写信的了，幸得你读书的学校还没有定，不然九月八日你们给我的信一定是城隍庙里的拆字先生写的了。那封信是由芝加哥的领事馆转交到加拿大的京城的中国领事馆而收到的。

　　文宝上学期算术考了第一名，这是件很可喜的事。算术是各种科学之母，有了算术的天才，就不难成个科学家了。你想美国一百多层的高屋，四通八达的交通上的建筑，和各种电器事业哪一件不是直接间接的从算术上得来的呢，记着吧，会做文章的是会说大话、空话。会做算术的是做实事。极力地勉励文宝重重地向算术上用功，那么将来就不会把月薪只有三四百元的姐夫放在眼中了。趁着天气还没有冷，向北方的加拿大一游。"回国"大约还有一二年吧。

　　寄给你们的"我的书和各种照片"不给人看。

　　祝你

　　有个好朋友

大哥

廿三年十月五日

加拿大

　　潘德明在古巴逗留了廿八天，1934年12月2日自古巴国的中部城市西恩富戈斯，转道巴拿马国，乘轮船去往檀香山岛。在登轮时，潘德明给双亲匆匆写了一封信：

亲爱的父母：

　　今日（廿四年一月廿四日）我离巴拿马国乘轮船去檀香山岛，路中需要廿一日，经过美国的 BooArgel.SanFrancisco 二埠才可到那里，这要算我离中国后最长的海程。
　　你们有信给我可以寄到檀香山总领事馆，留交也可
　　祝你们
　　平安康健

儿文希
廿四年一月廿四日
巴拿马

　　二十一天后，潘德明到达了檀香山。
　　檀香山位于夏威夷群岛中的瓦胡岛上。这里气候不热不冷颇为凉爽。土著居民过着以家族为单位的生活；以野生的面包果、芋头、椰子、香蕉和海产品为主要食物。潘德明看到了岛上土著人的住房，没有墙壁，四面通风，如同中国的凉亭。
　　檀香山西面的珍珠港，就是美国在太平洋最大的海军基地。
　　在檀香山，潘德明收到了两封家信，母亲说非常想念他，希望儿子早日归去。尽管檀香山美丽如花，但潘德明却因此无心停留太久。他打听到有一班船去南半球的新西兰，于是便乘船南下。途中，潘德明给妹妹写过一封信：

小妹妹：
　　……
　　去年二月里在美国的东部，过着零度以下寒冷的天气。夏天在

美国的天气像上海的夏天一样。冬天我去了古巴和巴拿马，那里的天气常年是热的，现到了檀香山，天气常年如春，不热不冷，不过近几天，天天下雨，旅行很不方便。

今日十一点（早晨）乘轮船去澳大利亚洲的雪泥（悉尼），我从来没有说过去俄罗斯，上海的报上是误传，由澳洲经过南洋群岛、香港回上海，日本绝不去了。大约明年五六月里可以回家。

这学期你说要学钢琴，这是很好的事，音乐和美术同样的难，有几个美术家画一张画值千金万金得宝贵，有几个美术家画出来的画送人也不受人欢迎。这是有天才无天才的分别。不是强逼地学，有机会像有名的教师亲自教或者用功下苦心地学，定能成功的。很多天才的人因为没有机会学，所以埋没了他的天才，这是世界上最可惜的事，有几个没有天才的人偏偏有机会学，像做父母的希望自己的女儿做音乐家，强逼地教她，结果是一辈子也学不好。欧美人家的家里差不多每家多有一只钢琴，就是贫穷的人家也有。钢琴成了他们家庭里的装饰品，学弹琴并不是希望做音乐家，不过消遣而已。我以为中国人要学钢琴，则做音乐家，假使自知无天才做音乐家则可不必学。你现在有机会提出你的想法，如这学期你感觉无特别兴趣的话，下学期就可不必学，以免多费宝贵的光阴和头脑，因为中国人没有像欧美人把琴作消遣的习惯。

上海的报上登着我的事，请你剪下来寄给我，不论将来的、现在的、过去的，我都要。

……

大哥

廿四年三月六日

檀香山

在漫长的航行中，潘德明尤感航海的孤独和枯燥。一天夜晚，潘德明在床上读书时，被一位已经熟识的侍者唤醒。他跟随侍者来到甲板上，看到了海面上映出的一道道光带。水手们告诉他，这是海里一些会发光的浮游生物的聚集，它们成群结队，射出冷冷的鳞光能把海面照亮。这一幕让潘德明惊喜又难忘。

在斐济的苏瓦市，潘德明终于有机会踏上陆地了。

斐济是一个由三百二十多个岛屿组成的岛国。苏瓦是斐济的首府，坐落在三面环水、一面靠山的山坡上。这里临近赤道，阳光异常灼热，但也多雨，气候湿润又凉爽。

市中心的商业街上，有欧洲人、印度人和中国人开设的商店，各种商店都有用本国文字书写的招牌，悬挂在店的门窗上边。许多中国人自 19 世纪末源源移入斐济群岛，大多数在城镇从事贸易和开店。约有三分之二的华侨住在城镇，还有的以种植蔬菜、饲养家禽为业，和斐济人和睦相处。

潘德明发现，斐济各个民族之间相处得非常和谐；斐济的华侨们在当地社会中扮演着重要的角色，他们不仅在商业上取得了成功，还在文化交流和社会融合方面作出了贡献。

在斐济的某一天中午，潘德明站在海边望着无垠的水面，忽觉身边一阵暗暗的幽香袭来，潘德明转头，见两米开外有一位约莫二十岁的华人姑娘。这姑娘一身浅蓝色的衫裙，长发垂肩，面目极为清秀动人，她也正朝着潘德明的方向看，见潘德明转头，便莞尔一笑，略带腼腆地打招呼："先生您好！"

"哦！你好！"潘德明不由得一阵脸红，赶紧礼貌地回应。

"请问先生刚下船吗？"姑娘问道。还不等潘德明回答，就凑近几步继续追问："您是那位旅行家吗？"

"哦……你好！"潘德明一边打招呼，一边从口袋里掏出自己的名片递给姑娘。

那姑娘咯咯一笑，迎上前用双手接过名片来看了看，兴奋道："真是您呀！潘先生！我叫孙海英！很高兴能见到您！"说着便要与潘德明握手。

"哦！你好！"见过不少大人物的潘德明，此刻不知为何显得有些紧张。

潘德明伸出一只手，孙海英却两只手握过来，潘德明怕失礼，赶紧又补上一只手。四手相握，潘德明一阵脸热。孙海英紧紧握住他的手欣喜道："我老远看到您的打扮，就想过来看看是不是您呀，哈！果然是潘先生，大旅行家！我在报纸上见过您的照片！看过您很多的报道！"

"哦哦！好好好！"潘德明似乎除了"好"，也说不出别的话来。

"我能邀请您一起吃顿饭吗？潘先生！"孙海英忽然提出邀请，不等潘德明答应，就拽着他往一处走。

潘德明被孙海英拉着走出四五米，感觉大庭广众下挺不好意思的，赶紧说："我去我去！"孙海英这才松开手，引着潘德明来到海边的一家餐厅里。

原来，孙海英是东北大学的学生，九·一八事变后，她和一群同学们因不愿做亡国奴，四处宣传抗日，后来被追捕而逃亡海外，最终辗转来到斐济。现在，在一所中学里做老师。

能够在万里迢迢的异乡，看到来自祖国的、年纪与自己相仿的旅行家，孙海英定是发自内心地激动。

两个年轻人居然从午饭一只聊到晚饭时分。孙海英忽然起意打电话约同来斐济的中国同学与她的朋友们，这些都是不愿做亡国奴的年轻人。他们迅速赶来，一时间把个餐厅闹得沸腾起来，连店里人也被感染，大家一起张罗着把晚饭弄成了潘德明的欢迎会。

孙海英举起酒杯朗声道："诸位，我们都是黄帝子孙，今天在此欢聚一堂，为我们祖国的环球旅行家潘德明先生，洗尘！"

众人一阵掌声加欢呼，孙海英紧接着说："我们中国正在遭受苦难，国家每况愈下，民不聊生，帝国列强欺我中华，侮我为'东亚病夫'。是潘德明先生的敢作敢为，含辛茹苦，冒万险而不惧，只身周游全球，这大长了我中华民族的志气，洗雪了'东亚病夫'之耻，实为我们所敬仰。潘先生这次光临，是我全体侨胞的光荣。"

潘德明看到青年学子们饱含热泪的情形，不禁感动。的确，远在海外的人更深具爱国情愫。

孙海英再给自己斟满酒，深情地说："我们的祖国正在受难中，东北白山黑水三千万同胞还在痛苦中呻吟。潘先生征途尚远，为了使他达壮游之目的，请诸位尽力资助！"说罢，即从自己颈项间取下金质项链，送到潘德明手里。随之，其他侨胞纷纷解囊效仿。潘德明潸然泪下。

第二天，孙海英等人陪潘德明观赏了斐济的名胜，又来到土著人居住的茅屋。当地人知道潘德明是个环球旅行家，曾受到英国首相麦克唐纳和美国总统罗斯福的接见，男女老少把他团团围住。酋长面朝高耸入云的维多利亚山为潘德明祈福旅行平安，并赠送给他一件用珊瑚雕制的精致细巧的独木舟。珊瑚是斐济的特产，独木舟是代表斐济的古老文化。，潘德明鞠躬致谢后，从自己包内取出一尊拳头大的弥勒佛像，作为回赠。老酋长亲热地在潘德明的额上吻了三下。

酋长当日指派了十几个小伙子，带潘德明到海边，上了他们的独木舟，让他尽情环顾万顷波涛，观赏海底五颜六色的珊瑚和色彩斑斓的热带鱼。

入夜，皓月当空，村民们围成一个圆圈，为潘德明表演"梅克""走火"舞。酋长邀请旅行家跟大家一起跳舞。潘德明有点犹豫，孙海英起身一把拉起他拽入舞池之中。潘德明硬着头皮在孙海英的带领下边走边跳，渐渐自在地跟着斐济土著人同步起舞。

次日一早，潘德明急奔斐济最高山脉——维多利亚山。维多利亚山是斐济最高的火山，当地人称它为神山。潘德明来到山脚下，有许多土著孩子围拢上来，这些孩子光着屁股，睁着明亮好奇的大眼睛，望着和善的陌生人。一个稍大点的孩子用土话夹着英语和潘德明对话，得知潘德明正是他们耳闻的旅行家，便呼唤小伙伴各就各位，跑到椰子树前如猴子般爬上树梢，摘下比西瓜还大的椰子，还有菠萝，然后一个个双手捧着献给旅行家。潘德明也拿出面包糖果等食品，和孩子们围坐在一起各自分享别有风味的野餐。

返回驻地，潘德明听孙海英讲了一段趣闻。原来斐济这个岛国正好处于东西半球的分界处，由于地理条件独特，一些商人为逃避教会"礼拜日不许经商"的规定，把商店设两个门，平常日子在前门营业，每逢星期天在后门继续开张。他们说后门那里已是星期一，不是礼拜天。

潘德明这才想起，在三月十二日那天，船上发出通知，说明天是十四日，没有十三日，他始终不能理解，所以他急忙把船上遇到的情况说了出来，好请她一解疑惑。

孙海英笑道："地球上各处的日出时间，因东西位置不同，便有早晚的差异。向东航行的人去迎接太阳，会感觉日子变长。为了避免这些差异，1884年国际经度会议决定将经度180的子午线作为日期变更的界线。由于照顾行政区域的统一，日界线并不完全沿180的子午线划分，而是绕过一些岛屿和海峡：由北往南通过白令海峡和阿留申、萨摩亚、斐济、汤加等群岛而达新西兰的东边。向东航行过这一线时须减去一天，如你从火鲁奴奴来是向西航行呢！"

"那过这条日界线时便增加一天！"潘德明悟道。

孙海英往潘德明肩膀上拍了拍，继续说道："是那么回事！所以嘛，从十二日跳过一天，第二天就变为十四日了。而向东航行过日界线，须减去一天，如二日正午改为一日正午。"

经她这样一说，潘德明茅塞顿开，恍然大悟，愈发钦佩这位东北大学生知识的渊博。

潘德明离开斐济继续前进。他站在船舷上，向送行的同胞挥手告别，孙海英热情地叮嘱："祝你一帆风顺，一鼓作气，远征澳洲等国凯旋而归！"

在浩瀚的太平洋上，潘德明的船只缓缓驶离了斐济，向着澳洲进发。

孙海英站在海边，目送着潘德明的船只渐行渐远，她的眼中闪烁着泪光。

在浩瀚的太平洋上，潘德明经历了一段漫长而神秘的航程。经过两千四百多千米的航行，他终于抵达了新西兰。

当轮船缓缓驶入新西兰濒临太平洋的豪拉基湾，奥克兰这座曾经的新西兰首都映入了眼帘。这里是南太平洋的海空交通要冲，港口设施完善，市内建筑别具一格。

潘德明了解到，毛利族人是伟大的航海者，他们在1350年前后，以独木舟组成的船队长途迁徙至此，并在此定居。毛利族人自称是这些独木舟水手的后裔，他们的生活方式虽然看似奇异、粗野，甚至带有神秘色彩，但他们对祖国的热爱是真挚的。

潘德明从奥克兰登岸后，向南挺进至首都惠灵顿。新西兰北岛的山地不如南岛高，但有火山和温泉，富藏热带资源。西北部的奥克兰半岛是一片多丘陵的平原，典型的海洋性气候和亚热带风光。潘德明惊奇地看到，沿海的原野上呈现出令人悦目的绿洲，小麦、马铃薯一片碧绿；道路旁边，住宅整齐，桃树和苹果树成荫，每一个定居区都有属于毛利人所有的水力磨坊。

然而，当潘德明翻过东部的崇山峻岭，深入偏僻的内地后，他发现先前那种静谧、和平的画面并不完全准确。尽管毛利人在18世纪末叶才开始接触欧洲人并受其影响，但内地的毛利人生活相对简朴。每到一个部落，毛利人都隆重接待潘德明。无论是在草坪上的欢迎集会，还是在集会厅里举行的招待会上，毛利人都以独特的歌舞表达他们发自内心的美好情感。他们欢迎贵客时不握手，不拥抱，而是举行一种面对面，以鼻尖对鼻尖，额头相碰的礼节。

潘德明沿怀卡托河来到新西兰最大的火山口湖——陶波湖。这里是沸泉、间歇泉、喷气孔、沸泥塘等地热区。当地人告诉潘德明，到了冬天，这里的热泉便是天然的浴场。潘德明一头扎入泉里，顿感浑身舒坦，一路疲乏顿时烟消云散。新西兰人还会在此打一口几十米的深井，可产生一百多度的蒸汽，他们在喷气孔上安几根板条，加上边框便用这些蒸汽蒸煮食物，称为"夯吉"。潘德明饶有兴趣地在"地热蒸笼"里品尝羊肉和马铃薯，别有风味。

数日后，潘德明继续南进至惠灵顿。他在惠灵顿未曾久留，又渡过塔斯曼海峡，于三月下旬来到赤道之南的大陆——澳大利亚的悉尼。

12. 赤道以南

不知不觉中，潘德明的足迹已经遍布四大洲，澳大利亚是他环球计划的最后一站，给他留下了深刻的印象。

他通过《詹姆斯·库克船长环球航海记》了解到，澳大利亚是一个草原辽阔的国家，这里不仅是绵羊和袋鼠的家园，也是勤劳土著人的居住地。18 世纪末，首批欧洲移民带来了二十九头绵羊，得益于适宜的气候和丰富的牧草，到了 19 世纪 20 年代，绵羊数量激增至六千万头，羊毛产业也随之蓬勃发展。潘德明对这个"骑在羊背上的国家"，非常好奇。当他踏上悉尼码头，眼前的景象与他想象中的澳大利亚有所不同。悉尼的地形被众多小河和港湾分割，街道布局错综复杂，而悉尼大桥则横跨海湾，连接着城市的南北区域。

《悉尼先驱报》在报道潘德明的到来时，提到他是一位自然爱好者，计划以旅行为自己将来的个人博物馆收集资料。

潘德明计划还将前往墨尔本，然后返回悉尼，经由爪哇回到中国。

潘德明的到来引起了在澳华侨的轰动，尤其一位叫姜如凤的女士，她对潘德明的旅行故事感到钦佩。她通过报上得知潘德明在中东丢失了脚踏车后，只能靠徒步旅行，姜女士用自己的积蓄为他买了一辆崭新的脚踏车，并叮嘱他一路务必小心。潘德明非常感激，其实路途中他"丢"的脚踏车又何止中东那一辆，但至少眼下他确实需要一辆自行车了。

位于南半球的澳大利亚，季节的颠倒，使得澳大利亚的气候特点与中国截然不同。当地房屋建筑与中国的也截然不同。在中国，人们常说"有钱不住朝北房"，而在澳大利亚，朝北才是朝阳的房屋，能享受到冬暖夏凉的舒适。

潘德明对此特别有感，兴致所至，给孙海英写了一封信：

海英：

三月廿二日早晨到了澳大利亚的雪泥京城，由檀香山到此地一共乘了十五天的轮船，经过太平洋中的 Fiji 小岛和新西兰（船停泊

了三十二小时）。途中一点风浪也没有，在船上像在平地一样。过
的生活除一日三餐和二茶点之外，还有各种娱乐，像拍球、掷绳圈、
打高尔夫球、乒乓球、游泳、有声电影每二日一次，等等。所以虽
在一天一水之中，似同在大城市中一样。途中最有趣的是，在十二
日的那天，船上发出通告说明日是十四日，没有十三日，你知道这
是什么缘故？

澳洲在地球的南部，天气很特别，六月里是它的冬天，十二月
是它的夏天，和我们颠倒掉了个头，因此六月里吃西瓜，十二月里
烘脚炉在这里不算是笑话的。

世界是多么广阔，海英，听你有回国的打算，什么时候会回去呢？
希望那时候比这时候好得多。

祝你

康健

德明

廿四年三月廿八日

澳大利亚洲

雪泥

在澳大利亚的某个晚上，潘德明收到了孙海英的回信。信中孙海
英告诉他自己决定回到祖国继续宣传抗日。她写道："您的旅行让我
既感受到世界的广阔，也让我坚定了回到祖国的决心。我相信，只要
大家团结一心，就一定能够战胜外来侵略者，恢复祖国的和平。希望
我们能在祖国和平中再次相聚！"

潘德明读完信后心潮翻滚，充满了敬意。他懂得孙海英的决定
是艰难的，但为了祖国，作为一个女性，她能够放弃斐济安全平稳的
生活，这让他深受感动。在之后的旅行中，他俩一直有通信。直到
1936 年潘德明打算回国之际，孙海英的信忽然中断了，之后他也再

没有收到过孙海英的信。潘德明怅然若失。

潘德明继续着他的旅程。

在离开悉尼前往堪培拉的途中，潘德明经常在牧民家中过夜，亲身体验了地广人稀的意味。他目睹了牧民们的简陋树皮棚屋，包括脚踏泥土形成的"地板"；床铺是吊挂在木柱之间的袋子。四月上旬，潘德明经过伍伦贡、古尔本，最终抵达澳大利亚首都堪培拉。

在堪培拉，联邦总理约瑟夫·A·莱昂斯接见了潘德明，他将象征"吉祥如意"的洁白瑰花佩戴在潘德明的胸前，并赠予潘德明一枚烙印着自己名字的精致国徽纪念章以表彰壮士的坚毅和英雄气概。

从堪培拉向墨尔本的行进中，潘德明不得不昼夜赶路以应对炎热的天气。随着他向西南方向深入，澳大利亚的山脉愈发显得雄奇险恶，在崎岖的山路上，他放慢骑行速度，还特别聪明地放掉些脚踏车轮胎的气，以防止脚踏车车轮打滑和因酷暑引发的爆胎。

夕阳的余晖洒在蜿蜒的山路上，潘德明边骑车边沉醉于远处壮丽的山色，不自觉地越骑越慢直到夜幕降临，他猛地意识到自己贻误了行程，于是打开了摩电灯，在夜色中前进。

不久，潘德明感到前方有一个高大的黑影迅速逼近。他心一紧，不及反应便被击倒，眼前一黑，晕厥过去。

不知过了多久，稀疏的小雨开始落下，雨滴打在他的脸上，潘德明逐渐苏醒过来。他感到头痛欲裂，意识渐渐清醒，可身体尚不听使唤。他用力睁大眼睛，四周一片寂静，他缓神片刻，似乎手臂逐渐恢复了点知觉，他慢慢从腰间抽出了随身携带的匕首，小心翼翼环顾四周，倾听周围动静。片刻后，潘德明强撑起身子，检查了一下自己的随身物品，发现竟然一件不少。他心想："若是强盗，自己的随身物件必被抢走，自己也早就一命呜呼，如今自己活着，莫不是撞见鬼了。"

正在思索间，不远处陡见一个黑影在微微颤动。潘德明立即伏下身子，屏住呼吸，慢慢匍匐着靠近黑影，那黑影感应到有东西靠近，抖动频率增加。待到近处，潘德明忽然打开手电筒，强光之下，一张狰狞的面孔怒目圆睁。四目相对，潘德明吓得"啊"地失声大叫，对方也同时发出一声怪吼。

原来，那是一只受伤的肥壮袋鼠！趴在那里轻轻地抽搐。潘德明估计它也是因为撞上了人，一人一鼠同时晕了。潘德明心生怜悯，跟袋鼠唠了几句安慰的话，那袋鼠似并不领情，一脸幽怨。潘德明估计它伤情不重，但肯定饿了，于是拔起地上一捧鲜草往袋鼠嘴里一塞。那袋鼠"噗"地一口吐在地上，却又低头闻了一闻，接着又把自己吐出的草叼回嘴里咀嚼将起来。见它胃口尚好，潘德明稍安心些，与它告别，忍着头痛骑车蹒跚前行，直到发现一个牧人的屋子。

他叩门后被一位老牧人迎进屋内，老人家便询问他何以如此狼狈，潘德明将路上的情景叙述了一遍，老牧人哈哈大笑道："谁让你打开车灯的！"

潘德明不解，老牧人告诉他："年轻人，我们这里有三多，袋鼠多，兔子多，仙人掌多。而光袋鼠就有四十多种，它们身高过人，力气很大。它们繁殖很快，泛滥成灾，政府下令捕杀。到了晚上，袋鼠一见强光，就以为是敌人袭击，即跃到公路上奋起反抗。你因为开了车灯，它当然要和你拼个死活，难怪把你整成这个模样哩！幸运的是你只是碰上一只，要是一群，那便糟喽！"

第二天，天刚亮，潘德明就来到了气势雄伟、怪石嶙峋的科修斯科山脚下。他要翻过山，可眼见得荆棘丛生、萝藤缠绕，路况十分复杂。潘德明正要扛车准备过一座山岗，忽听耳边"嗖"地一声，他凭着多年外出的经验感觉是一枚"飞旋镖"射过。于是就地一滚，躲进蔓丛里。还未等他爬出来，一伙人团团把他围住。这群人大抵身材中等，皮肤褐偏黄色；肩披波状长发，脸上和身上多毛，除腰间围一块兽皮外，其余袒胸露臂。

潘德明用英语寻问，一个首领模样的野人根本不理会，一努嘴，示意同伙把潘德明捆了个结实，像扛麻袋那样把他扛在肩上。另外几个人扛起脚踏车等物，回到他们的住所。潘德明被七手八脚吊在一棵树上，两个喽罗守在树下。不远处正支着一口巨大的黑锅，几个妇女正忙着点火，随着一阵手忙脚乱的添柴，火苗更旺。潘德明心中叫苦不迭，心中有一种不祥的预感，想着自己历尽艰险、忍饥挨饿，好不容易环绕地球一圈，眼看就要凯旋了，竟遇上如此一伙野人！性命难保是他的寻常推断，"被吃掉"可是他万万料想不到的。可沸腾着的大锅发出咕嘟声，让他仿佛听到了一种不祥的丧钟。要炖了我？要烧烤我？被缚的潘德明简直不敢再往下想。忽然，一个黑塔似的野人来到他的身边，叽叽咕咕说了一阵什么，见潘德明毫无反应，顿时凶相毕露，做出一个捅人的手势，示意两个手执长矛的野人结果了他。

情急之下，潘德明突然失声大叫了一声"妈妈"！

紧接着，他用能想到的各种语言胡乱地哇哇一通大叫："Mercy,hero！"¡Caballero,tenmisericordia！Sauvez-moi！Ritter,erbarmedich！Herói,mostremisericórdia！！أرجوك اعف عني,Sparemijnleven！Ήρωες,έλεος！好汉饶命! Place！！！Aroha！！！"

潘德明的嘶吼里带着几句在斐济、新西兰和土著人打交道时学的话。野人头子一听，楞住了，随即摆手，用毛利族话问："你，什么人？从实招来！"

潘德明赶紧用毛利族土话夹杂英语，断断续续地表述起来，野人头子将信将疑的凑近，潘德明即刻请求他松绑，表示一切好说，容他细细交代。野人头子终于作出了许可的手势，两个野人把他从树上放了下来。潘德明定神之后，讨了口水喝，随即开始讲他的故事。野人头子紧皱的眉头渐渐舒展，嘴角开始松弛，慢慢地露出了笑容。

原来这伙澳洲土著人并非野人，只是被白人逼入荒山野岭，做起了抢劫的勾当。从墨尔本金矿走私的贩子们大多从此通过，到海边偷渡出手。所以，澳洲土著人便在这里守株待兔。这天他们看见潘德明便以为来了一桩好买卖，故在路旁设下埋伏，将他捕获。眼下，野人头子被潘德明说动了，他亲自检点潘德明所带物品，发现果然没有珠宝黄金，却见到了一枚澳大利亚国徽纪念章，才觉得他的话是可信的。于是，急忙令手下为他洗尘压惊。

野人头子给潘德明敬酒吃肉，折腾好几圈之后，忽然很慎重地把一碗蜥蜴汤（蛴螬羹）送到他面前。潘德明不敢贸然拒绝，一饮之下，顿觉恶心，急忙找借口去了河边，放开喉咙把东西全都吐了出来。然后他装作酩酊大醉的样子，躺到了松软的草地上。

第二天，潘德明给土著人拍摄了许多照片，记录了当地土人的风貌。

第三天，为保障旅行家的安全，部落派了两名持武器的野卫士，送潘德明出了关隘。

1935 年 4 月 30 日，潘德明抵达墨尔本，这座曾作为澳大利亚临时首都的城市位于菲力浦湾顶端，是内地畜牧业的服务中心。在 18 世纪 50 年代，黄金热使墨尔本经历了根本变化，直到 19 世纪后半期，它甚至比悉尼还要繁华。许多中国南部的华人来此淘金。

潘德明受到墨尔本华侨的热情接待，墨尔本华侨还热情地为潘德明募捐旅费。由于澳洲人喜爱中药，墨尔本有许多中国医生开业，甚至组成了中医公会。当地澳洲人对中国中药非常认可。潘德明写信告诉了父母：

亲爱的父母：

五月十六日到 Albury.N.S.W.（新南威尔士州阿尔伯里）是在 Melbourne 和 Sydney 的路中。

这里的天气渐渐冷了,有几个地方已经下雪,六月是这里的冬天,十二月是夏天,六月里下雪是不奇怪的。

澳洲人都喜欢吃中国药,听说很有效验。在澳洲一共一百多名中国医生,生意都十分发达,有一个叫岑福生,他在三十年内发了三百多万元的家财,他有一架私人飞机是他儿子开的。那里的华侨告诉我,说他从来没有学过医生,只读了一本方丹的书,病人告诉他说生什么病,他就在书上抄下药方来到中国药店内买药给病人。他的运气很好,病人被他医好了很多,有的给他登报扬名。他也很聪明,渐渐成了有名的医生。

这里的澳洲人听说中国现在爱吃西洋药,他们觉得很奇怪,他们说中国的药很好,为什么去吃西洋药。

大约一星期后我就可以回到 Sydney。

……

平安康健

儿文希
廿四年五月十七日
Albury.N.S.W.
Australia

潘德明在墨尔本停留两周后, 渡过巴斯海峡, 到达菲利普岛和塔斯马尼亚州府霍巴特, 时值澳大利亚初冬。

菲利普岛靠近墨尔本，栖息着成千上万只仙企鹅，这些企鹅身高仅三十到四十厘米，比通常的矮小得多，被称为"小蓝企鹅"，虽不能飞翔，却在水中游动极快。那天傍晚，潘德明目睹了企鹅登陆的壮观场面，它们整齐有序地直奔沙滩，每只企鹅都能准确找到自己的巢穴。

五月中旬，潘德明访问了墨尔本西北部的本迪戈、阿里伯里、瓦加瓦加等城市，然后沿澳大利亚山脉返回悉尼。随后，他从悉尼向北骑行至布里斯班，正值澳大利亚寒冬。潘德明被官方安排游览了世界上最大的珊瑚礁群，那里的珊瑚礁格外绚丽多彩，海底生物也丰富多样，这一切让他忘却了长途旅行的疲惫。

六月廿六日，潘德明从布里斯班码头出发，返回了亚洲，向着印度尼西亚进发。

13. 返航

民国廿四年（1935年）六月廿六日下午三时，潘德明站在"新西兰"号轮船的甲板上，海鸥从他头顶飞过，仿佛为他送行。

"新西兰"号绕过澳大利亚北部的约克角半岛，穿越托雷斯海峡、阿拉弗拉海、班达海，最终抵达了印度尼西亚苏拉威西岛的望加锡。

20世纪30年代的印度尼西亚，被誉为"千岛之国"，是荷兰的海外属地。这个由众多岛屿组成的国家，无论是岛屿数量还是土地面积，都堪称世界之最。

经过十天的航行，潘德明抵达了印尼南苏拉威西省的省会城市望加锡，一下船就被热带的烈日照得几乎睁不开眼。这里的夏季天气变化无常，尤其雨后的热气蒸腾，让人仿佛置身于蒸笼之中。他到中国领事馆办理完出入关手续后，当日晚报已经报道了中国"徒步以及骑脚踏车周游世界的潘德明"抵达望加锡的消息。报道称潘德明先生是一位健壮的青年，展现出运动员的健美体魄。

在中国政府驻印尼领事的陪同下，潘德明拜访了当地的政府要人，游览了名胜古迹。他了解到，我国唐代僧人义净曾先后多次在望加锡停留，为两国的文化交流作出了贡献。潘德明站在历史的遗迹前，感受着千年前义净大师的足迹，心中涌起一股穿越时空的敬意。

潘德明参观了当地的市场，吃了当地热带水果和特色食物。当地人口味辣中带甜，令他回味无穷；他还参与了当地的节庆活动，与印尼人一起载歌载舞。

十几天后，潘德明横渡巴厘海，目标龙目岛。

抵达龙目岛是旱季，地面龟裂，烈日下，三千七百多米高的林贾尼火山仿佛披着白色的铠甲，异常壮观。

夜幕降临，潘德明到了沙沙克人的部落。这里的居民信奉伊斯兰教，虔诚而生活简朴。潘德明向族长谦逊地请求住宿，族长判断潘德明是安拉的信徒，便面带笑容，热情地招待他。当经过交谈得知潘德明的情况后，族长要为旅行家举行一场隆重的庆典。

族长召集了所有村民，宣布了庆典的缘由，族人们顿时沸腾起来。

火把的摇曳光影中，许多穿着短小纱笼的青年手持柔软的竹杖和用水牛皮包裹的盾牌，聆听着族长的吩咐。族长宣布庆典开始，人群便围成了一个圆圈，大木槌敲击着钉有铁板的"加麦兰"，发出铿锵有力的声响。着短小纱笼的青年们随着音乐节奏跳起了英雄舞，用竹杖相互击打，谁击中对方的次数多，谁就是胜利者。当晚比赛最终决出的龙目岛上最勇敢、最机灵的青年胜者，在人们的欢呼声中邀请潘德明对击。潘德明也学着他的样，手持竹杖，每一次出击都赢得了沙沙克人的喝彩。庆典结束后，族长便将这竹杖和牛皮盾牌作为礼物送给了潘德明，祝愿他像竹杖一样锐不可挡，克服一切险阻；像盾牌一样坚实，挡住雷电风暴。

第二天，潘德明从龙目岛西渡，抵达巴厘岛。巴厘岛以其中央山地的盘旋和三千一百多米的阿贡活火山而闻名，这里森林茂密，常有虎豹出没，因此人烟稀少，但物产丰富，有稻米、椰子、茶叶、甘蔗、咖啡等。巴厘族人很乐观，即便在殖民统治下依旧自寻欢乐。

初到巴厘岛时，潘德明对于巴厘族男女上身半裸的风俗感到有些不自在，尤其是遇到妇女时，他眼睛不知该往哪里看。但融入当地风俗后，他觉得当地妇女都不避讳他，那他也就不应该有什么顾虑了，于是在岛上的古迹中自在地徜徉。

潘德明在巴厘岛（潘溯根据历史照片手绘）

· 235 ·

《天声日报》中刊登的潘德明欢迎会的照片

潘德明按计划的路线，于八月上旬渡过巴厘海峡，来到了印尼文明的发源地和全国政治、经济文化中心的爪哇岛，他直奔首府巴达维亚（今雅加达）。

巴达维亚《天声日报》以"世界在足底"为题，长篇报道了潘德明艰苦卓绝环游世界的经过。当地中华商会会长和总干事等人陪同潘德明参观了历史古迹。并且陪他来到位于爪哇与苏门答腊之间的巽他海峡的海面，观赏著名的高八百一十三米的喀拉喀托火山。他知道，世界上最大的一次火山爆发就发生在这里。那是 1883 年 5 月 20 日和 8 月 27 日，这座火山连续喷发，激起的冲天海涛席卷了万里海洋，直至英吉利海峡；当时大约有一万艘各种各样的船只因此沉没。同时，引发的海啸和地震，摧毁了原有岛屿的三分之二，死亡约五万人，人畜尸体漂满洋面，岛被厚达三十米的火山灰和熔岩覆盖。潘德明感到庞贝城的覆灭与之相比，算是小巫见大巫了。同行者介绍说："1927年以来该山又两次发生水下喷发，水柱高达万丈，白浪涛天。虽然火山爆发给当地人民带来了灾难，但被火山灰覆盖的一些地区土壤肥沃，也适于种植。"潘德明放眼望去，见这岛上果然是郁郁葱葱，一片生机。

潘德明参观了巴达维亚古老的市场，参加了一场传统的巴厘舞蹈表演，见到了一些当地的华人，他们热情地邀请他到家中作客，为他准备了丰盛的印尼美食。这些华人虽然远离故土，但他们依然保持着中国的传统习俗，这让潘德明感到十分亲切。

潘德明参观当地博览会时，见到不少古代的陶器、武器和珠宝，还有描绘古代印尼人民生活场景的壁画和雕塑。

九月中旬，潘德明告别了巴达维亚的侨胞，经万隆、井里汶，穿越了海拔三千四百多米的士拉末火山，最终抵达了日惹西北马吉岭附近的婆罗浮屠佛塔。婆罗浮屠，意为"千佛坛"，是世界闻名的石刻艺术宝库，与中国的万里长城、埃及的金字塔和柬埔寨的吴哥窟等古迹齐名，被誉为古代东方的四大奇迹之一。

潘德明在向导的引领下，参观了佛塔。婆罗浮屠是一座实心的佛塔，无门窗及梁柱，全由石头砌成。每层的回廊石壁上刻有各式各样的浮雕，表现佛典中的历史故事和当时人民的风俗。这些浮雕被世人称为"石头上的长诗"，连接起来，长度竟达二百九十余千米。

潘德明感叹古代的工匠们伟大，他们一锤一凿地将信仰和艺术融入石壁，创造出如此宏伟的建筑。

潘德明在十月初抵达了中爪哇北岸的三宝垄。在这里，他意外地遇到了中国著名棋王谢侠逊先生，一位当时已四十八岁，曾在棋坛上打败过无数中外高手的传奇人物。十月五日，中华国语执行委员会同时发出欢迎本国旅行家潘德明与棋王谢侠逊的通告。两人见面，互相欣赏。谢侠逊曾因战胜英国国际象棋冠军，引起巨大的轰动，成为华侨心中的英雄。如今，头戴"世界徒步旅行家"光环的潘德明在三宝垄与他会晤，两位不同领域的杰出人物的相遇，倒是风云际会，相映成趣。

之后一个星期，谢侠逊每晚都与当地棋坛高手进行博弈，尽管如此，他并未因比赛而忽视与潘德明的交流。每天早晨，他都会不顾前一晚的劳累，与潘德明一同外出探访三宝垄的风土人情。两人虽然身在国外，心中仍然惦记故里，他们得知中国天灾战乱频发，心急如焚。

与棋王和华侨们告别后，潘德明离开三宝垄，经苏门答腊岛返回巴达维亚，最终在十月十五日抵达阔别整整四年的新加坡——这个他立下环游世界宏愿的始发地。

潘德明一回到新加坡，就被热情的侨胞层层包围了，他们对他的凯旋表达了热烈祝贺。从四面八方赶来接他的、要一睹他英姿的达官显贵及新朋老友的各种车辆排成了长龙，随后又鱼贯进入市区，交通因此一时拥堵。潘德明不停地答各报记者问，包括热情的市民的一串串问题。

依旧是当年那个不仅说服了中国领事在潘德明去印度的护照上签了字，还慷慨解囊资助了一笔丰厚旅费的华侨组织"上海俱乐部"，为践行环球旅行梦凯旋的潘德明安排盛大的招待会。报纸上再次盛赞潘德明的勇气和对"东亚病夫"的雪耻。报道称："潘德明君在旅行中增长了见识，从基础科学知识到深奥的天文理论，再到对人生的理解，他变得更加成熟和坚强。"

为了庆祝潘德明的到来，"上海俱乐部"要筹划一场大型活动，热心的橡胶富商的女儿郑胜华提议大家舞龙灯，一来表达大家对故乡的思念；二来潘德明在华侨心里就是中国龙。她的提议即刻赢得了大家的赞同。经过积极组织，俱乐部挑选了十位强悍的小伙子作为舞龙灯的主力。"海峡中国娱乐部"同胞也来助阵，最终在莱佛尔斯塑像前的广场上一条"青龙"在鞭炮和中国鼓乐声中欢腾舞动。潘德明兴奋地加入了舞龙的行列，无比幸福。那一天的新加坡街道，因这条中国龙而热闹非凡。

　　潘德明在随后的华侨分享会上，情绪饱满地向关心他帮助过他的同胞们讲述了他的旅行经历与感悟。他说自己原本计划游历亚非欧美后是想去日本，但因日本侵占了中国东北三省，他决定不去了。潘德明说："人家敢以坚船利炮悍然发动战争，主要是工业与科学发展得迅猛异常。我中华自 1840 年鸦片战争之后每况愈下，被世人称'东亚病夫'。我在外面走了这么一大圈，亲眼看了各国的实情，真是无限愤懑、一言难尽！今天我回到了当初动念周游世界的起点，我潘德明郑重向各位宣布，我回国后要组建蒙、藏科考队考察青藏高原，以此实现科学救国的理想。

　　他的演讲激发了侨胞们的爱国情怀，一位陈姓华侨富商当场表示愿意资助潘德明考察青藏高原的费用。此人在马来西亚有"锡矿"大王"之称，潘德明出发经过马来西亚时，曾到过他的家里，这次两人又在新加坡重逢，恰遇他六十二岁喜得贵子，算是双喜临门。他当场激动地对大家倡议说："潘先生考察青藏高原的费用一律由各界华侨鼎力资助吧！各位，潘先生虽然已经加入世界探险家协会，但通过他今天的讲述，我们了解了他今后的爬山涉水必缘于兴国强邦的理想，当由协会负责经费更妥。外国人的钱我们不能拿分文的！潘先生既然有志科考求发展，便是中国人的骨气！难道在坐的有骨气的中国同胞们，不应该为他慷慨解囊解决他今后考察青藏高原用的盘缠费用吗！？"

侨胞们无不首肯，纷纷赞同。故一下子，大家就为潘德明捐款计十万美元，用以支持他进一步的科学考察计划。

踌躇满志的潘德明元旦后即离开了新加坡，抵达马来西亚。又穿越密林高山，于三月三日到达泰国。他立即前往曼谷木器公司拜访暹罗中华商会会长王明福兄弟，这对兄弟是他出发时结识的挚友。

王明福以其热情、诚信和谨慎在华侨界享有盛誉，对华侨的困难总是有求必应。潘德明在旅行中，因祖国内忧外患，将欧美人士馈赠的礼品和个人采集的标本、特产等寄存于美国纽约华侨总会副会长李国钦先生处，而在中美及太平洋诸岛得到的物品则寄往王明福先生处。

王明福兄弟对潘德明的归来感到非常激动，他们称赞潘德明的成功是中华民族的光荣。

潘德明在泰国稍作休息后，告别了王氏兄弟及侨胞，沿湄南河、滨河北上清迈。在清迈小憩数日后，探听至缅甸的路线，并准备了药品以应路途之需。

在清迈，潘德明遇到了云南同胞和一位参加过太平军起义、后流落泰国的八十六岁老华侨。老华侨曾是战场上的勇士，现在仍身板硬朗，他对潘德明的壮举表示大大的赞赏，率曾孙辈十几人来看望潘德明，并叮嘱后辈莫忘故土。老华侨交给潘德明一束稻穗，希望他带给故乡的父老，寓意祖国社稷兴旺。潘德明非常感动，悉心收纳。

在老华侨的指导下，潘德明规划了路线，了解了缅甸的风土人情，随后离开清迈，翻越登劳山，抵达缅甸掸邦高原。

缅甸森林资源丰富，当地人以大象作为交通搬运工具。过去甚至有白象组成的军队参与伐木运输。

潘德明从孟萨出发，目标是王纳镇。沿途，他穿越了一片苍翠茂密的森林，那里人迹罕至，显得格外幽静。随着夜幕降临，他意识到无法在天黑前到达下一个村舍，于是决定在一处岩溶洞中过夜。他精心挑选了一个通风良好的岩洞，并在洞口前后点燃了几个火堆，以防野兽侵扰。

深夜，潘德明猛地被洞外巨大的嘈杂声惊醒，紧接着是一声如闷雷似的吼叫震动了整个山岗。潘德明意识到可能是大象，他躲在洞内的黑暗处向外窥探，发现果真是一群大象在一只露出雪白獠牙的领头公象的带领下，正在洞口徘徊，显得异常愤怒。大公象几次试图突破火堆，但都被火焰所阻，不敢靠近。潘德明虽然历经险境，但倒是未曾遭遇过大象的攻击。他疑惑大象为何会将他作为攻击目标，他知道大象通常家庭观念极重，未受挑衅绝对不会冲动。象群若果真冲进洞来，他恐怕难逃厄运了。

潘德明考虑从后洞口撤离，却发现后路也已被几头同样怒气冲冲的大象守候，他顿时陷入了进退两难的境地。两头的象群分别在洞口徘徊，愤怒的长鼻猛烈地甩动，时不时引颈长吼，令他不寒而栗。

潘德明注意到有一头的木柴即将燃尽，他下意识地往另一头靠，忽然头被狠狠地碰了一下，这使他豁然醒悟：大象不只是在愤怒他的火堆，洞口很小，才是它们发怒的真正原因。这下子他释然了，决定不再理会发怒的庞然大物，放心地继续睡觉。

不知过了多久，潘德明醒来，估摸已是中午。他爬到洞口，发现气急败坏的象群居然用杂木条和乱石将洞口封得挺严实，不禁哑然失笑。他费了好大劲，才松动了一块巨石，钻出了洞。看到外面风和日丽，象群已离去，他舒展筋骨，继续在密林中前行。

途中，他遇到了一群猎人，才得知昨天是有一只幼象落入人设的陷阱。老猎人分析，象群肯定是怀疑洞内躲藏的潘德明是始作俑者，因此整夜吼叫，愤怒围堵。

　　猎人们得知潘德明就是那位赫赫有名的中国旅行家后，便亲切地称他为胞波，并送给他一只象牙雕刻的小象，甚至还煮了一锅象鼻肉招待他。

　　后来，潘德明在缅甸掸邦高原与掸族人民共度泼水节，十分惬意，继续北上。

　　六月中旬，他终于返回了自己的祖国，抵达云南省西双版纳的车里县，即现在的景洪。潘德明之所以选择从云南入国境，正是他的蒙、藏科考队计划使然。云南靠近青藏高原，他计划在云南落脚，一来算是"环球旅行计划"结束。假如没有之后计划，选择当时的香港，再从香港回上海应该是最适合的。但潘德明不愿意，他料想落地的那一刻，他将面对的是整个行程中欢迎仪式最隆重的一次。眼下的潘德明已经不是出征之初那个21岁的青年，旅行磨练了他，世界唤醒了他；如果说出发的初衷是探索未知世界，那么归来的他，就是要以崭新的世界观注视自己的民族，拯救它，壮大它，发展它。今天的他，是壮志待酬的蒙、藏科考队计划的筹措人；二来，毕竟筚路蓝缕整整六个春秋，他需要养精蓄锐的不仅是体质，还有各种探险，他必须做好充分的入藏准备。

第七章　旅行归来

1. 拯救思茅

民国廿五年（1936 年），当潘德明的双脚再次踏上祖国的土地时，他的情感如洪水般汹涌，泪盈满眶；他急切地俯身抓起一把土，用手狠狠地攥着，放到嘴边亲吻了一下，难掩激动。随即，"扑通"一下卧倒在了草地上，用额头和脸颊轻轻地磨蹭着，如同在母亲的怀抱里，尽情撒娇。

手捧《名人留墨集》的潘德明（潘溯手绘）

潘德明在地上躺了很久，他是多么想马上赶回到家人的身边，向父母述说离家整整六年的思念之情。他是多么想向姐姐炫耀一下自己的《名人留墨集》，游山玩水能够得到这些嘛？他是多么想好好跟弟弟妹妹洗洗脑瓜子，要好好学习科学救国的知识。但现在不行，他有更重要的使命尚待完成。

潘德明环球旅行的这一路，外国人对西藏的打探引发了他的好奇；瑞典探险家，一个外国人对西藏地区如数家珍，他却答不上话来。这些年他到一个国家就去找相关的书籍，终于了解到青藏高原是世界屋脊，它的形成对全球环境和区域环境都有重大影响。蒙、藏科考对高原自身的可持续发展，对整个国家的生态建设，对全球环境的保护都有重大的意义。同时，蒙、藏科考对地球动力学理论、地质理论、地球科学理论的诞生，都有着非常重要的推动作用。蒙、藏科考涉及到从岩石圈的角度出发，通过地质构造、古生物、岩浆作用、变质作用、沉积作用来研究高原隆升形成的历史和它所诞生的矿产，对研究国家最需要的战略性矿产是至关重要。国力的强盛是热血男儿潘德明最上心的事。他盼望去蒙、藏科考，实现自己的抱负。

潘德明在云南除了寻求他心目中合适的科考队员，还多方打听尽快入藏的途径。在如今各种政治势力及军阀割据的情形下，想要进入青藏高原，必须要拿到国民政府的通行证，而获得通行证必须要去南京。潘德明设计了去南京的路线，他计划先北上昆明，拜访云南王龙云，随后去越南河内再筹集一部分考察费用，再取道广西，一路向北，直抵南京。

随后从勐海出发往车里县政府去。当时的云南省西双版纳车里县县长徐世锜是杭州人，和潘德明算是浙江同乡。他为潘德明举行了盛大的欢迎宴会。桌上摆满了鸡鸭鱼肉，潘德明那天很高兴，祖国的饭菜异常可口，尽管是他不熟悉的云南口味，但他还是吃了许多。

从勐海至车里，潘德明目睹了傣族、撒尼族阿细族人的生活。他发现人们虽然服饰色彩斑斓图案精美，但生活却仍是刀耕火种的原始状态。这里人烟稀少，荒芜凄凉。尤其思茅、普洱一带烟瘴尤为厉害。潘德明对同胞充满了同情，因为他对烟瘴是了解的。

席间，潘德明与徐世铸交谈起来，徐世铸表示现在他的县平均每平方只有一个人，而省城昆明几乎是五十倍啊！徐世铸的脸上掠过一丝愁云，随即询问潘德明未来的计划。

潘德明说自己虽已经实现了环游世界，但更想走科学救国之路。他想继续考察青藏高原，为祖国同胞做点事情。接着他兴奋地把组建蒙、藏科考队的设想与徐世铸分享。徐世铸听后虽喜，但也将信将疑。

潘德明又问："我来的路上，看到这里许多地方的情形与我在国外看到过的疟疾是很像的，当地人怎么去预防呢？"

"疟疾？"徐世铸眼中忽然闪过一丝光，赶紧问道："你看到国外人是吃什么来预防疟疾的？我们的烟瘴病是否可以用同样的办法来治？"

潘德明忽然明白了徐世铸的意思，赶紧解释："瘴气是毒造成的，这里天气暖和却常下雨，湿毒甚，蚊虫生，咬了人后……"

"对呀，能吃什么药呢！？"徐世铸急切地追问。

潘德明表示，自己愿意留下来与徐世铸一同试试，是否有可能用他所知道的治疟疾的办法，来治一治瘴气。

两个月过去了，潘德明写信回家：

亲爱的父母：

我在车里县已经住了二个月了。当地的县长徐世铸是浙江杭州人，生长在四川，我们是同乡，所以留我多住几天。

车里又名江洪（景洪），是在云南的西南边部，和安南、缅甸是交界，离暹罗也很近，交通很不方便。来往都是用马驴。当地的人民百分之九十五是摆夷（傣族），摆夷的风俗语言文字服装都和我们汉人不同，是另外一个种族。当地的物产很丰富，气候不热不冷，在这样一个好地方，却会荒了一大半地土（平均一方里只住着一个人），假使每方里可住十个人的话，至少这里可移民五十万。现在我正在研究这个问题，所以县长留我，我就住下了，大约这二三天之内，候有同伴就向云南的省城行。你们有信可寄到云南昆明邮政总局留交。

　　敬祝

　　康健

儿文希

车里

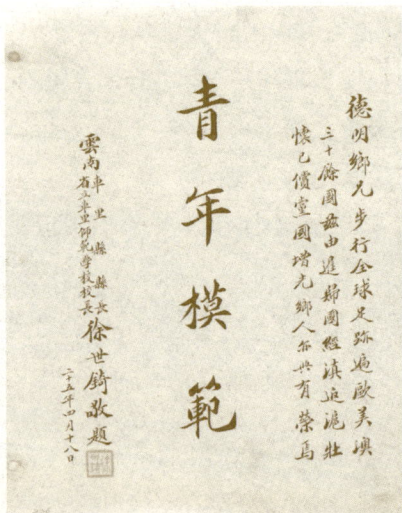

车里县县长徐世锜在《名人留墨集》中的题词

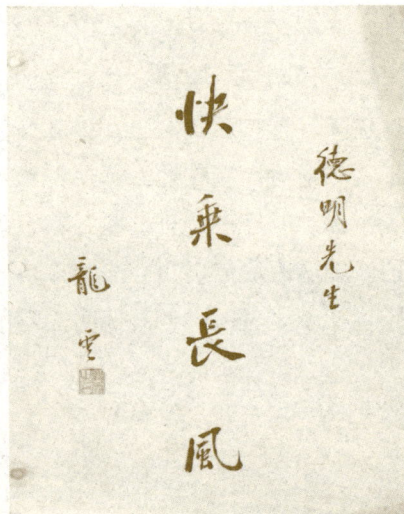

云南王龙云在《名人留墨集》中的题词

在潘德明与徐世锜的共同探索下，逐步确认了烟瘴的各种症状。

四年前，云南的开远、蒙自、河口及禄丰等地就尝试播种过金鸡纳树，河口终于试种成功了，金鸡纳树中提炼出的奎宁是可以抗疟疾的，既金鸡纳霜。他俩决定把金鸡纳霜分发给当地人，试试看效果。结果，居然奏效了。潘德明大受鼓舞，虽然身体极度疲累，但心里是满满的成就感。

他的游历，使他受过不少伤，会留下什么身体隐患他不知道，但经过与徐世锜的这几个月的药物研究和用自己的身体来"测试"，他确认自己的身体是合格的。要实现筹建一支蒙、藏科考队的宏愿除要有应对极端环境的好体魄，还要有丰富的经验。

接下来的一段时间，潘德明一边协助徐世锜治理瘴气，一边心中盘算具体去何处筹集组建科考队的经费问题。

徐世锜与潘德明相处数月，终到分别之日。云南边陲，土匪和鸦片贩子横行，徐世锜担心潘德明的安全，沿途都派人护送。

抵达昆明后，潘德明拜访了中华民国政府云南省主席龙云，双方相谈甚欢。龙云在潘德明的《名人留墨集》上欣然题字：快乘长风。

潘德明告别龙云后欲赶往河内筹款。他把心中的忐忑写信禀告了父母：

亲爱的父母：

……

有的人说步行世界的人很勇敢，应当帮助他一点旅费；有的人说旅行是娱乐，为什么我们出钱供给人家娱乐呢；有的人说好好的青年不去做一点有用的事业，终日游荡，所以他极端反对。近来旅行的人太多了，他们因为失了业，看旅行的人有人送钱，所以把旅行作为他们临时事业的救济所。在南洋一个地方，一年内总有几十个人这样做过，旅行家的地位因之一天一天不名誉起来。人们也一天一天地讨厌起来，给钱的人，从为奖励他的勇气而送钱的，变作为可怜他而送钱，旅行的人也由挺起胸接钱变作弯了腰接钱了。这是旅行的人自己腐败。像与我一同出发的中国青年亚细亚步行团的团员，哪一个有真正旅行的志愿呢。

我当然不愿人家把我的旅行作为我长期失业的救济所。这次去云南旅行，就是为我的名誉而做的，同时也使人明白旅行的人的真正任务，不是单单走一圈，对人毫无贡献的。这次的成绩虽费了四个多月宝贵的光阴，可是成绩是出我意料之外的满意。那样温和的气候，很合华侨居住，荒地面积之大可供给二三百万人来开垦，所谓烟瘴又容易解决，那么安置失业华侨和开发国富，还有什么疑问呢？

我想起哥伦布的故事，他起先对人说对海有大陆，人都讥笑他，假使全凭他自己的信心，而没有供给他一条船，他的志愿不是一辈子埋没了吗？我能不能成功要看我的命运了，不过我也已存决心和我的命运奋斗。

再去南洋宣传是免不了的，所以回家大约在明年五六月间才可。

十一日离安南乘船去香港，你们有信给我，请收到这信就写寄到 c/oPostmasterG.P.O.Hongkong 香港邮政总局留交就可以了。别的到香港再写，敬祝你们康健！

儿文希
二十五年九月八日
安南海防

2. 筹备蒙、藏科考队

　　潘德明到从安南入境后直奔广西南宁。民国廿六年（1937 年）三月下旬到了梧州。在梧州他给父母写信，依然有对自己下一步计划的思考。但他并不敢和父母提前透露蒙、藏科考的计划，因为他认为和父母是不能说那些听起来不切实际甚至可能丢掉性命的危险计划的。

　　……
　　我已经很平安地到了广西省的梧州，不久就要去华北旅行，大约今年六月中可以回家。回国之后就发生了一个今后做什么工作的问题，我已知道很多的工作我可以做，不过不知道究竟做哪一个好，旅行回来就是要解决这个问题。
　　总之我所受的教育，所学的东西，和人家不同，因之将来的工作也随之不同，一时也很难告诉你们，只希望你们能相信我，一、我没有一刻忘了家；二、我尽我的力量谋家庭的幸福，不要以为我发疯似地乱走，别的下次再写。
　　……

　　潘德明到广西时，恰巧画家徐悲鸿正在桂林游览。当他得知早已享誉世界的勇士潘德明也在昆明，便马上约见了他。见面后，潘德明和大画家聊得很投机。徐悲鸿告诉潘德明，自己很想去延安看看，他听说那里有一个新的组织，他期望这个组织能给军阀混战的中国带来新希望。

　　据潘德明后来告诉家人，徐悲鸿陪同他畅游了几个著名的风景区。徐悲鸿对潘德明的壮志和勇气给予了极高的评价，并亲自为他题

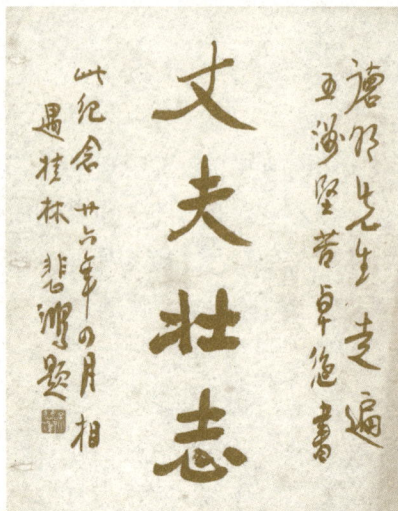

徐悲鸿在《名人留墨集》中的题词

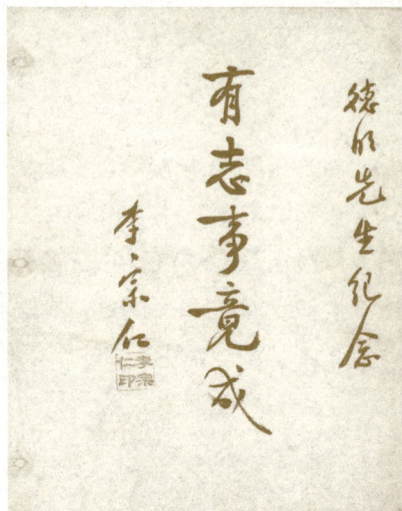

李宗仁在《名人留墨集》中的题词

词"丈夫壮志"四字，以激励潘德明继续追求他的梦想和抱负。

在徐悲鸿的引荐下，潘德明拜访了当时的国民政府军事将领李宗仁。李宗仁决定亲自陪潘德明漫游漓江。

在桂林山水的映衬下，三人一同泛舟于漓江之上，欣赏着如诗如画的风光。在这次愉快的交流中，潘德明向两位长者表达了自己对国家未来的担忧和期望。他还向他们详细阐述了自己即将开展的蒙、藏科考计划；他兴奋的讲了自己的设想，要召集各领域的科学人才一起进行蒙、藏科考，深入了解蒙、藏地区的自然环境和民族文化，包括土壤、气象、农业历史等资料，编制出地质图和重点矿区图，然后制定发展农业与经济的方案。总之，自己一定要为国家的地质学研究和矿藏开发、未来发展计划的制定作些贡献。

潘德明的宏愿得到了李宗仁的充分肯定与赞赏。潘德明在云南治理瘴气的事情尤其让李宗仁感到振奋。他承诺为潘德明提供必要的帮助和资源，以确保潘德明科考计划的顺利进行。这支持对于潘德明而言无疑是巨大的鼓舞。他深知，有了像李宗仁这样的有识之士的支持，他的计划将更有可能取得成功。

李宗仁最终书以"有志事竟成"五字赠予潘德明。

这五个字，在数十年后，亦成为潘德明的墓志铭。

潘德明在旅行中寻找各种资料，游说各相关领域专家的支持。包括锡矿大王在内的那些牵挂潘德明的各国华侨们听说他的计划后，纷纷将资助金寄达国内，计划中的第一部分资金就达十万美元之多。

潘德明因此更加满怀信心：一、他的身体比壮行前更强壮；二、旅行经验转化为实践更为行之有效；三、李宗仁等有识之士大力支持；四、各国华侨的慷慨解囊；五、计划招募的科考队成员人选已部分回应了他。

万事俱备，只欠东风了。这"东风"就是入藏通行证。

3. 通行证

潘德明回到南京，并没有直接回上海与家人团聚。因为"蒙藏科考计划"绝少不了国民政府的通行证。但南京政府显然提不起兴趣。

彼时中国内忧外患，国民政府风雨飘摇，腐败横生。等有家不回犹念报效的潘德明，向他所能联络到的专管大员谈及自己的计划时，专管员居然十分敷衍，极不耐烦地表示"局势不稳，没有空管你这些无聊之事"。

"无聊之事？"潘德明，这个在世界各地皆得到礼遇与尊敬、靠身体力行为国家争光荣的男儿，回到自己祖国谈到他的计划时，竟然得不到支持与重视，反倒被认为是无聊！他心生烦躁，愤愤然决定先回上海等消息。

"等消息？要等多久？"潘德明一再发问，"局势不好，我更要做这件事情！我做的事情并不无聊，我要为祖国填补……"，他眼前总浮现专管员那天在东北地图上的狠狠敲击及大声呵斥："这些地方要乱了，日本人又在搞事了，你听得懂吗？你能不能体谅体谅政府，不要在这个局势下再来添乱了！"潘德明记得自己不依不饶的抗争："我岂是来添乱的？我不是不懂局势，无论什么情形，各行各业不都该尽力做本分的事，国家才能够好嘛？我不能解决局势问题，不能上战场去效力，但我会做好自己的工作，为的是国家的明天！"那天，潘德明几乎是被轰出来的，政府的通行证就这么搁浅了。

4. 捐献抗日

1937年6月底，潘德明回沪后没几日，"七·七"卢沟桥事变爆发，抗日战争全面打响。

在严峻的形势下，他的蒙、藏科考队的计划不得不宣告终止。面对这一变故，潘德明意识到，阻碍他的不仅是国民政府，还有日本的侵略战争。

潘德明不愿再责怪政府，他把满腔的愤懑归咎于日寇的侵略。

为了早日赶走侵略者，早日还祖国太平，早日实现自己的宏愿，潘德明把所筹集的十万美元科考资金，一分不留，全部捐献给了政府，以资抗日。

潘德明心中的那团火并未就此熄灭，他盼着有朝一日能再踏上征程，实现自己的抱负。

潘德明以自己七年的艰难跋涉，实现了横跨四海壮游五洲的青春誓言，也为中国人扬眉吐气。但对于践行"青藏高原科考"的人生梦想，潘德明踌躇满志地等待着，一等就是八年。

1945 年抗战胜利了，但内战爆发了，他的梦想被无情地终止在接二连三的战争硝烟中。

潘德明的旅行，是一曲奋斗与坚持的赞歌，是一段勇气与智慧的传奇。

潘德明的脚步，不仅丈量了世界，更触动了中国人的心。

潘德明的旅程，不仅是个人的探险，更是对祖国的爱和对未来的憧憬。

潘德明的名字，必将永远镌刻在人类探险史中。

潘德明的出国护照之一

第八章　壮志待酬

1. 成家

1937 年 6 月底，潘德明返回阔别已久的上海家。无论在外经历过多少风雨，见识多少风云人物，归来终是人子；在传宗接代的重要传统面前，他是长子，务必尽责。

潘德明知道这一切，这也是当时先去南京缓回沪的原因。作为潘

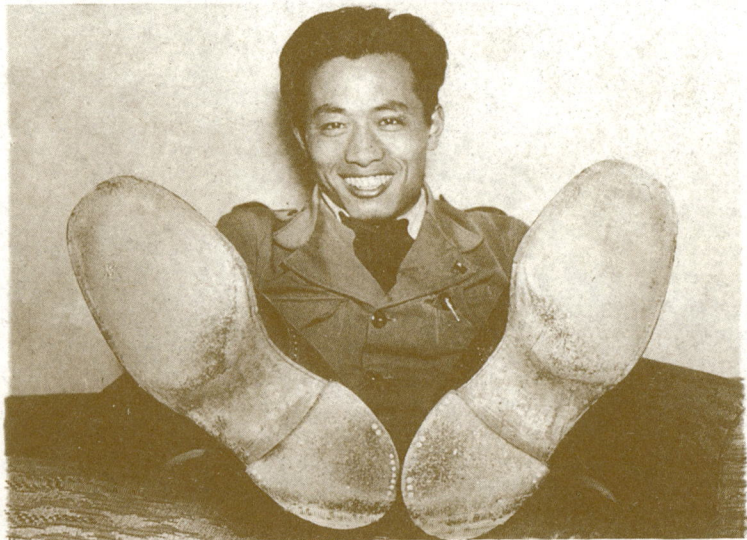

一双走遍世界的大脚

家长子，他已在外游荡多年，一进家门，必被催婚。而就潘德明的个性，认为自己一旦成婚便有了束缚，而无法实现他的志向。然而，也是性格，他又无法做到成婚后再放下妻儿，去做那些前途未卜的工作，让家庭处于茫然不安中。

他与阔别多日的父母拥抱，向姐姐诉说自己准备组建蒙、藏科考队，赴青藏高原考察的宏愿。在姐姐面前，他如今已是环球旅行的英雄，除了展示不屈不挠，还有坚持到底的决心。姐姐潘冰雪对弟弟壮举的钦佩心是有的，但更多的是对他抛家人远游长达七年的怨忿。因此潘德明打算再走，她既没有反对，也没表示赞成。冷静说道："你不需要解释你的成功，我也不会泼你冷水，你该仔细想想之后的打算，想清楚了再行动吧！"

潘德明点头回答："明白，没有拿到南京的通行证，就得先回家；准备工作也算有时间做得更充分了。"

家里除了父母亲，看到潘德明回家最兴奋的，要数我小姑婆潘蔼雪。她是家里最小的妹妹，潘德明在潘蔼雪面前是最轻松愉快且俨然老大哥派头，关爱有加。潘蔼雪对大哥真是崇拜啊，潘德明也乐得将旅行点滴，一通宵的时间与妹妹絮叨，似比任何一次在国外的演讲都要生动。直到第二天，报纸上刊登了"七·七"卢沟桥事变爆发的新闻。当时，他们与大多数上海人一样，并没有太放在心上。

可实际上，潘德明的蒙、藏科考队计划通行证已经绝无可能拿到了。

不知事隔多久，潘德明渐渐意识到自己的宏愿已经化为乌有。心灰意冷的他，决定先向家族传统妥协。

民国廿九年（1940年）五月二十七日，由当时著名大律师严荫武证婚，潘德明与马球碧成婚，参加了上海当时开风气之先的时髦

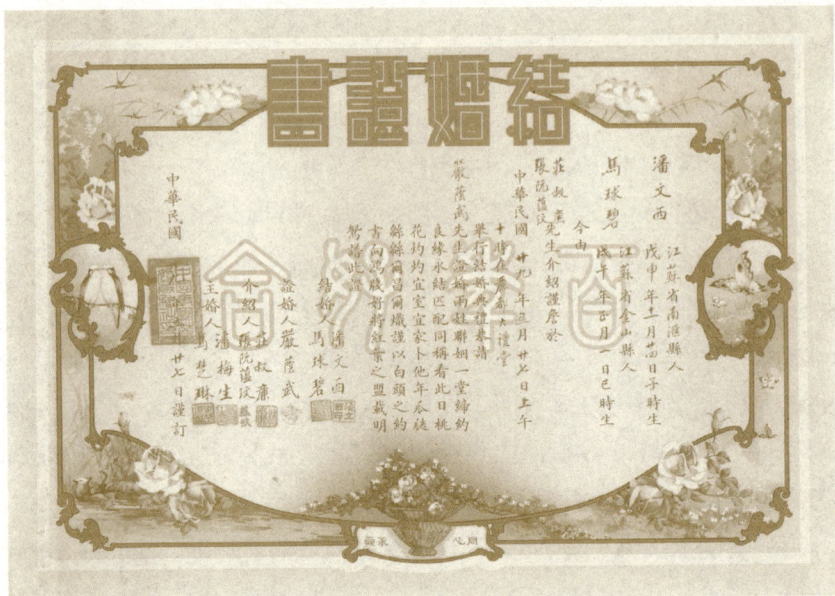

潘德明与马球碧的结婚证

的百人婚礼仪式。拍了张百对新人的长卷结婚照，拿到了一张很大的结婚证书。

2. 重逢

1943 年 11 月，四十四个联合国成员国代表在美国签订"联合国救济善后公约"，成立了联合国善后救济总署。次年，联合国善后救济总署在上海设立"中国办公室"；1945 年，潘德明加入总署工作；1946 年，善后救济总署完成收复区善后救济事宜后，希望潘德明随总署同僚一同撤离（联合国善后救济总署即 UNRRA，直属于行政院，简称"行总"）。可潘德明希望留在国内，他的心中还对科考计划存有着期待。

行总撤离后，内战全面爆发，上海归属国统区。但学生、工农和各阶层人士的反内战、反饥饿、反迫害民主运动不断。

国统区经济受到严重影响，物价飞涨，货币急剧贬值，民族工商业受到摧残，一时间社会状况混乱。为躲避内战，潘德明率家人南逃，路上虽没遇上日本兵，却常看到一股股国民党逃兵。

某日，潘家人抵达福建，在一处旅舍住下。潘德明一人出门探路，路遇一群亡命士兵，他们竟把潘德明身上的衣物抢了个精光。只剩一条裤衩的潘德明徘徊在路上，此生从未遭此狼狈，面对破碎的山河，腐败的政府，潘德明心灰意冷，气急攻心，一口鲜血喷出，便倒在路边不省人事。

等潘德明醒来时，他躺在一张陌生的床榻上，显然他已经得到了救助。正在他迷茫之际，一个军官模样的外国人推门进来。乍一看，潘德明就感觉这人很面熟，却一时想不起来。那军官忽然靠近，躬身

潘德明的肖像

在潘德明床边坐下，格外亲密地握住潘德明的手，用流利的中文急切的问："文希，你好吗？"

潘德明突然喜出望外！没错，是巴伦！世界就是那么的小，这个军官正是潘德明的玩伴小巴伦。沧海桑田，小巴伦现在已是一位高大健硕的英国军人，是英国驻华的官员。

通过交谈，潘德明了解到，巴伦始终惦记着他和湖州。1942年，他就跟随英国国会议员代表团重访过中国，实地考察中国的抗战形势，又参与"二战"期间向中国提供贷款援助的工作。今天巴伦听说同僚救回一个中国难民，他一瞥之下，竟发现是他一直思念的儿时伙伴，是他把晕倒的潘德明安顿在福建省英国军事代表团的客房中。再度重逢竟是此情此景，两人相拥而泣。

巴伦待潘德明伤势稍好，便把他妻子马球碧也接来一起在福建住了下来。

巴伦问潘德明愿不愿意留在此地工作，问潘德明会做什么，又想做什么。巴伦告诉潘德明，自己之前总在报纸上看到过他周游世界的报道。有多少个日夜，他幻想过跟潘德明重逢的喜悦，他有很多话很多故事想要说给潘德明听。

后来，潘德明在英国军事代表团工作了一段时间，职务类似仓库管理人员，平日大抵负责物资调配。若遇一把手巴伦有解决不了的难题，总会向潘德明请教。

妻子马球碧有了身孕，不久后便在福建产下了一名女婴，只可惜，在一岁时夭折了。

几年后潘德明一家回归上海。直到1948年，马球碧已先后为潘德明生下了三个儿子，即我的大伯、二伯、三伯。

第九章　梦醒了无路可以走

1. 尴尬人

中华人民共和国成立后，潘德明成了一个闲人。没有人过问他的就业。这个外语好，身体棒，知书达理，尤擅户外探险，极有沟通能力，特别会应急公关，做得一手好裁缝，还经营过饭店的男人，失业赋闲在家，没有任何收入。

当时里弄组织的生产组让一些失业者加工一些小产品来卖，祖父被分配承接上海木雕三厂的外包订单"画宫灯"，即在宫灯玻璃上手绘各种图案。画宫灯的那段时间，祖父要求家里一尘不染，因为细小的灰尘都会影响玻璃的美观，尤其楼下灶披间起油锅时，一定要把宫灯玻璃包裹好，否则一个菜炒好，宫灯玻璃上便有一层薄薄的油珠。

1951 年 6 月的某个傍晚，广播中传来一则消息：国家派科考队入藏考察，中科院西藏工作队的考察队员们，分两批随着中国人民解放军第十八军一起向西藏进发。

坐在前客堂间窗边的潘德明，手里捧着一本恩格斯撰写的《科学社会主义》，呆呆地望向窗外。夜色笼罩着缓缓延伸的弄堂，路灯昏黄。怀着孕的马球碧推开前客堂的门，见丈夫捧着书，就想帮他打开电灯。

"不暗。"潘德明轻轻吐了两个字。马球碧意识到丈夫有心事，便静静靠在他身边。潘德明稍回过一点儿神，轻轻抚着妻子的肚子，没有多说话。

潘德明曾经的宏愿被别人去实现了，他的心中涌起一种难言的失落。

马球碧理解，但她说不来安慰的话，只指指肚子柔声说："他以后也会知道的，他们都会知道的。"此刻，无声陪伴的还有马球碧腹中的四儿子——我的父亲潘芹生。

1951年7月3日，我的父亲出生了，家里的开销更大了。祖父潘德明在四儿子满月后，便独自出发至昆明远亲的私营工厂任职，数年后回家，我父亲已经三岁。

回家继续画宫灯的祖父，又在弄口设摊给人烫衣服，我奶奶做豆浆卖。后来祖父还被里弄分派去扫地。他专门研究出一套扫地的规范动作，还认真传授给了自己的孩子；父亲最终传给了我。用这个方法会扫得又迅速，又不会把灰尘扬起。祖父总说，工作是没有高低贵贱的，他无论画宫灯、做豆浆，还是扫地，总要认认真真做到最好。当然烫衣服的营生，祖父更是一丝不苟。我祖父可是专业裁缝的后代，有证经营烫衣的专业人士，我家至今还保存着他老人家当年那张"流动小摊贩证"。

我父亲一生最钟爱的饮料，就是豆浆。二伯父戏称我父亲是豆浆奶大的。因为我父亲出生时，家里正靠卖豆浆度日。我猜想当年我们家做出的豆浆一定味道极好，第一印象好才会让我父亲爱了一辈子。同样因为第一印象，使他一辈子不爱喝酒。父亲小时候见祖父每天把白酒加在水里喝，出于好奇，就偷偷学样，在自己的泡饭里加了半碗，做成"白酒泡饭"，味道难吃得不得了，是他那张苦瓜脸暴露了他的胡闹。那是个绝不可以浪费粮食的年代，祖父的不怒自威，使这一碗白酒泡饭必须要始作俑者消化掉，我父亲是流着泪吃完的，这导致他终生对酒无好感。

20 世纪 60 年代中期，潘芹生有了弟弟和妹妹。潘家的生活是越来越捉襟见肘。家里就抓蜱虫卖。蜱虫是一种给鸡吃了后、鸡容易下蛋的营养品。在郊外田野里可以抓到。负责抓蜱虫的是祖父和二伯父。那时二伯父只有十几岁，跟着我祖父星夜兼程，一路从市区抓到郊区。蜱虫抓回到家放在屋内大缸里，缸口的盖子盖不严实，蜱虫爬得满屋都是。到早晨，全家一

潘芹生肖像

起捉"逃犯"。祖父带着二伯父到路边去卖，一角钱一摊，每一摊十只。客人一角钱生意也是要挑挑拣拣，讨价还价的，二伯父感到委屈，所以他一生从不和人讨价还价。

2. 抽香烟屁股

没有像样的工作加孩子一大堆的我祖父，除了喝点兑水酒，倒不舍得抽烟。可他却派遣我读小学的父亲和我五叔潘芸生去捡人家丢弃的香烟屁股（烟蒂）。然后把积攒起来的烟屁股仔细地拨开，挑出里头好的烟丝，重新做成卷烟来卖，补贴家用。这门生意，那个年代许多穷苦人家的小孩都曾做过。

很长一段时间，我父亲每天上学与放学的途中，都一路捡香烟屁股。运气好时，会遇到有人抽上没几口时，就把剩下七八分的香烟抛弃，父亲便跑过去捡起来，掐灭火芯，包在自己的手帕里；运气不好时，跟了吸烟者一路，甚至转了几条街，几乎要转到迷路的时候，那

抽烟的人却把抽剩不多的烟头往阴沟里一扔，父亲的一路尾随算是前功尽弃了。

每天父亲和五叔的"成果"加起来，能有一百多只香烟屁股，他们用手绢小心地包起来，回到家交给祖父。祖父总极细心地卷好烟，像样的"产品"就卖给人家，不像样的，丢掉可惜，就自己抽吧，可这样就抽上了。

我常常听别的老人谈到他们年轻时的穷苦日子，苦到只能抽几分钱一包的烟，但至今，很少听到抽捡来的香烟屁股再加工成的烟。可见我们家是比那些苦的人更要苦上一些。

父亲有一回上体育课，小孩子们都在操场嬉戏追逐，他也跟着一起追，跑着跑着，裤兜里的手绢不小心掉了出来，手绢里包着的香烟屁股散落一地。见到此情此景，班里其他小孩子都嘲笑他，有几个"家庭成分好"的女孩子走到我父亲面前，指着他的鼻子，狠狠地批判："垃圾瘪三，不要脸！垃圾瘪三，不要脸！"尽管"垃圾瘪三"也是无产阶级，应该也算是光荣的，但那个年代，家庭成分是决定性的。成分好的人见到成分差的人，总要忍不住发威的。那时我父亲的脸涨得通红，蹲在地上抱着膝盖难过起来。有个男性体育老师见到了，赶紧过来喝止起哄的小孩子们，蹲下身来把洒落一地的香烟屁股一枚枚捡起来，重新包在手绢里，塞回我父亲的口袋里，轻轻抚摸了几下父亲的头，没多说安慰的话。这个小小善举，让我父亲感恩了一辈子，常常会和我们提起。

父亲每次说起香烟屁股的事总是风轻云淡，我却感到很心酸，一个实在人，从小就被欺负，正如祖父的后半生亦是在"被欺负"中度过的。我为他们感到心酸，当事人却宠辱不惊。祖父和父辈们的乐观，或许出于他们内心丰富与强大。

3. 打官司

"吃亏就是占便宜，赢了便是输"，这句话是祖父潘德明灌输给我父亲的，我父亲又一辈子常挂在嘴边。

20世纪60年代初，潘德明在家画宫灯活儿，可能随着经济的繁荣变得需求量大了。与他一同接到任务的又多出了其他几家人家。

起初，几家是各做各的，相安无事。潘德明较相熟的几家做东西更认真，做出的产品更好，所以很畅销。尤其是知道这些产品是要外销的，潘德明更是做得认真仔细，生怕产品不过关，影响了国家的形象。

由于质量好形式佳，生产组的订单越来越多。而这些订单，都是由生产组组长统一派发的。据说当时的生产组长是一个家庭妇女，得了这个差事后，便开始了行腐败之事，把接到的订单更多地分派给与她关系好的人家。我祖父的手艺比较过硬，却因为不擅与组长搞热乎，居然接不到活干了。潘德明向来正直，眼看着订单旁落，只能在心里叹息。

后来，那些关系户把粗制滥造、以次充好的产品销往海外，潘德明大为愤慨，便忍无可忍地去找生产组长理论。那生产组长哪会理会潘德明这种人，反而把他给轰了出来。

潘德明是个自带正义感的人，他又去生产组的上一级部门反映情况。他说自己做不做得到生意并不那么要紧，但是作为中国人就不该拿粗制滥造的东西去丢国家的颜面。

后来，上级一纸免任状，那生产组长当即被罢免了。潘德明的"生产组官司"告捷，原来认真干活的几家又有活儿干了，大家好不开心。可这个"仇"算是结下了。

在文化大革命接近尾声时，抄家的事基本已经很少见了，但我们潘家却在这时被抄了家；带人上门来抄家的人，就是这位前生产组长。

其实，潘德明在"文革"开始抄家前，自己主动把个人环球游历的资料送到了派出所。原本文化大革命结束后，我家应该能顺利取回当初祖父上交的东西的，可结果却没能拿回来。后来据知情人说，派出所里保管东西的人是那生产组长的女婿。

在家画宫灯草图的潘德明（潘溯手绘）

4. 飞行员之梦破灭

祖父潘德明的成分不确定这件事，在唯成分论的年代，对子女的前途影响是可想而知的。作为第三代的我，有切肤感受的自然是朝夕相处的父亲的事，和特别亲近的小姑姑的事。

父亲从小的志向是当一名飞行员，这种志向来源何处不得而知，飞行员在当时，那是一种神圣的职业，他们承担着保家卫国的重任。可最终他这个志向没能实现。

20 世纪 60 年代末，父亲读中学时有部队的人来征兵。被选拔的往往是一些身体强健的孩子，其中选拔飞行员一项就更是要求体魄、素质、反应度拔尖。我父亲每次都会被选去参加，但均是落选。

第一次：全校数百学生，合格者有十人，父亲便是十人之一。结果九个人去了部队，父亲不知是何原因，反正没有去成。

第二次：半年后部队又来征兵，这次合格者仅八人，父亲还是八人之一。结果七个人去了部队，父亲依旧没有去成。父亲心里很沮丧，但他天真地想，可能人家名额有限吧！

第三次：又隔半年，部队第三次来校征兵，合格者依旧八人，父亲仍是八人之一。结果七个去了，父亲依旧被剔除。这次父亲不淡定了，他到校方讨说法，学校的答复是："你这种成分的人，我们也没办法。"

第四次：再隔半年，父亲年龄段里的最后一次征兵来临。父亲装病不愿再参加了，学校却说："你这种成分，不应该拒绝这样的机会，学校选到你，你没有资格拒绝的。"结果合格者八人，父亲仍是落选。

那一天，父亲回到家中再也掩饰不住沮丧，十七岁的少年，逐梦之路如此坎坷，他的心力是扛不住的。他回家后，钻进黑暗的楼夹层小屋，泪流满面。祖父看出他的反常，就追问我父亲发生了什么，父亲把两年来的四次体检的经历告诉我祖父。

祖父听后沉默了良久，对父亲沉吟道："都是我的原因。"

父亲当时是似懂非懂，但他不愿意看到祖父难受，便拼命摇头。

祖父摸着儿子的头，心中很不是滋味，但他必须告诉儿子："阿卯（父亲卯年生人），你记住，你爸这一辈子没有做过坏事情，没有做过对自己国家不利的事情。"

我父亲从没见过自己父亲如此庄严的表情，不由得肃然，认真点头告诉父亲：我记住了！

是的，做飞行员的志向悄无声息地被掩埋了，但我父亲从不曾抱怨过。他和自己的父亲一样都顶天立地，问心无愧；他一辈子也没有做过一件坏事，没做过一件对自己国家不利的事。这是苍天可鉴的。

在永康路这栋石库门建筑里，我父亲住了整整一辈子，他果真是最懂得他父亲的人。直到2024年他猝然离世，我们潘家人在这栋石库门里生活了整整一百年；而我父亲，在世七十三年，从未离开过这栋父母给他的摇篮和一生的庇护所。

5. 你好，我好，大家好

祖母生我姑姑时，祖父已将近五十岁，算是老来得女，他特别疼爱自己唯一的女儿。

我姑姑排行老六，取名潘芝，芝麻的芝。一来是"小"；二来是祖父的传统观念。中国自先秦始，上至达官显贵，下至贩夫走卒，都喜欢给孩子取贱名。贱名取用最多的就是猫狗牛兔加花花草草，父母期待孩子有着强大的生命力，能够像大自然动植物一样健康成长。故潘家前五个孩子就分别叫薇生、荷生、蘅生、芹生、芸生；到最后老幺是独一个，就取单名"芝"了。

　　潘芝1974年3月被分配到奉贤星火农场，作为未满18岁的独女，祖父是特别揪心的。当时的他已届古稀，居然两次独自去农场探望我姑姑。

　　姑姑总跟我说起这样一个故事："我有一次写信回家告诉爹爹姆妈，十二月份的农场很冷的，我仅有的一条卫生裤（沪语秋裤）湿了，就再没有衬裤穿了。我也就是发发嗲，其实也是想妈妈再给我买一条。结果，爹爹收到信的当天就动身到农场来看我。他戴一顶罗宋帽，一路跟跟跄跄，尤其是蹒跚走在田埂里，只能走得很慢很慢。我农场的伙伴们见到了，都奇怪说，这是谁家的老外公来了啊，老克勒的呀！我一猜就是我爹爹。赶忙迎出去，果然是爹爹！他除了送来新卫生裤，还买了许多好吃的东西给我，是平时我们在家里都吃不到的，农场里就更看不到了，我开心极了。可爹爹却叫我马上分给大伙儿一起吃，我不舍得呀！更何况大伙儿里就有几个和我很不要好的，我才不想分给他们呐！爹爹突然扳起面孔，很严肃地说：'不可以的！每个人都要分到。快乐和大家分享才更快乐！侬晓得吗？'这些话我印象太深了。后来的生活里，我真就像爹爹讲的，有福就跟同伴共享，这样好像也更易获得别人的善待。"

　　那次祖父的"百里走单骑"回到家，我伯伯他们担心极了。姑姑更是被几个哥哥狠狠地"批评"了，因为就是她的一封信，让身体屏

潘德明肖像

弱的老父亲赶那么远的路去看她。

祖父知道儿子们心疼他，但他却也实在疼惜宝贝女儿，后来依然如法炮制又去过一次。

打那之后，我姑姑便不敢轻易给家里写信要东西了。

姑姑总提到祖父1975年给她的一封回信，信中只短短七个字："你好，我好，大家好。"

看似简短，却饱含爱意；更体现祖父豁达开朗的个性。

一年后，我祖父去世了。这七个字，就仿佛我姑姑一生的护身符。

6. 交代与交待

"文革"期间，潘德明常常被街道传唤去交代问题。

在一间交代问题的办公室里，潘德明像犯人一样坐在一张凳子上，而他的对面是一张审问台。台前通常会坐几个里弄干部。

潘德明通常是老老实实地交代自己的问题，从头至尾，自己如何如何出国，如何如何在国外遇到危险，如何化险为夷，如何见到多国领袖，如何遇到齐天小圣，如何穿越原始丛林、横跨大沙漠、在大强盗的虎口下脱险……

那些里弄干部听得津津有味，早忘了审问的初衷。潘德明可能是他们最乐意审问的有问题的人。

但有时，忽然会有人拍桌子，大吼一声："闭嘴！让你交代问题的，你说什么传奇故事！"

潘德明无可奈何道："我的问题就只有这些，这便是我的交代。"

在潘德明的遗物中，尚有一份残缺不全的交代问题"自白书"。让交代的，讲了人家也不要听。想听潘德明故事的却"交待"有限。

有个叫张敬一的雕塑家，曾师从雕塑大家张充仁。他年轻时与潘德明属忘年交，他们相差几十岁却特别谈得拢。张敬一算是潘德明少有的愿意与之交待自己游历史的人之一。

在潘德明甲子生辰日，张敬一为潘德明塑了一尊头像。在作品的背后，他刻了一行字：已六十岁的可敬的大傻瓜。这是交情，这是欣赏，更是懂得。

称潘德明大傻瓜的张敬一曾经告诉我父亲："这个老头子，脑子里只有别人，从来没有自己，做什么都是为了别人，为了民族，为了国家，最后吃过很多亏，但只有他自己一点也不知道自己吃亏。他可以把自己所有的收入拿去帮助一个困难的人，也会用自己的所有财产去捐献给抗战前线。这个性格从来没有改变。"

1983年改革开放初，已经过世的祖父终于出现在大众视野，相关报道时有出现，尤其季一德那本讲潘德明故事的儿童文学书籍率先在《中国体育报》上连载，顿时引发关注。除了潘家人的每天引颈期盼，还有就是张敬一。他不仅读，读完还小心翼翼地剪下后自制成简报，拿到我家与我父亲重温分享。这也算是他与对潘德明友情一场的交待。

祖父还有个隐形忘年交。说"隐形"是因为他是我父辈的朋友，跟我二伯同事过，跟我父亲也玩得好，算潘德明的晚辈仰慕者。他叫邓庭毅，如今是上海雕塑界一个有趣的从业者。他出身医生家庭，却打小爱艺术。他成长的年头是完全无缘艺术的，被分配到当时的房管局当了个泥水匠；把泥糊上墙和用泥做雕塑，成了他的自然而然。但这也撞开了属于自己的艺术大门，他居然成了医学界的专业模具雕塑家。同时，纯艺术雕塑也有建树，最终还执教复旦大学文物修复专业，成了另一领域的翘楚。在与我祖父交集的 70 年代初期，他跟我二伯在忙活他们的各类艺术展览，每每来我家路过我祖父的房间，是断不敢打扰的。但他非常关注我祖父，因为通过二伯和我父亲的讲述，他极崇拜我祖父。这位几乎没被我祖父"交待"过的晚辈，却告诉我，我祖父是他见过的最和蔼的老者，通常寡言，举止间透露出一种从容不迫的气度，让他感觉是一种非凡经历赋予的人格力量。

也许正是这番感悟，让他特别频繁地来我家串门。在我祖父生病时他常助潘家兄弟把祖父送进他联系好的医院；在我祖父乍闻"四人帮"倒台、将信将疑之际，他作为消息灵通人士绘声绘色地向祖父证实了真伪。甚至之后陪我父亲跑菜市场为我祖父买螃蟹打酒。故而，最终出事的那一天，是他一起抬祖父上了灵车。抬棺在老式家庭是有讲究的，既不能是直系又必须是亲近，还必须没有成家的，邓叔显然合适。

在被潘家兄弟指派这一任务之际，雕塑灵感陡然附身的邓庭毅居然立刻就下手，为我祖父脱了模。之后，他真的就为祖父塑了一尊像。当知道我在为祖父写书之际，他告诉我，那尊在后来搬迁中被损坏的像，他一定要重新雕塑，算对潘老有个交待。

7. 派出所与造纸厂

20 世纪 60 年代中期，文化大革命爆发，阶级斗争日趋疯狂，红卫兵到处抄家批斗人。之初，潘德明就意识到危险，主动将三大本《名人留墨集》和许多照片、信件及他认为要紧的有价值的物品，打包成箱，送到了永嘉路派出所，上交给民警。

当时潘德明与民警是这样说的："这些是我觉得珍贵的资料，我上交给派出所。如果你们觉得它有价值，烦请替我保留着；如果你们觉得它没有价值，那我听凭组织处置。"

作为"文革"后出生的我，根本不知道祖父当时主动上交家中物品是出于何种心态，但让我感叹的是：多亏有此一举，令我今日能相对完整地写出这部书。也因祖父的这一举动，世界能够感知这个真实的人和他的一场勇士壮举。

当时派出所收到潘德明送去的资料时，先是保存了起来，直到"文革"结束。

1976年10月18日，也就是公布"四人帮"垮台的之后的十天，兴奋中的潘德明连喝了几天自兑酒，终觉不畅快，让我父亲去买了四只蟹，一顿吃光，不想突发心肌梗死离世。

我父亲与二伯父在潘德明离世后不久，曾去派出所试图追回当年所送的资料。结果风气不及改善的工作人员依旧很不客气地打发："你们这样的人，也有资格来这个地方？"轰走了之。

我们这种家庭成分的，听到这类质问总是司空见惯了；面对这种失态，我父辈通常不见有一丝血气，通常灰溜溜走人。

打那之后，这些资料反倒被挪到了"文革"积案故纸堆里。当时的一名派出所档案管理员，据说他有点痴愚，被人称为"戆徒"，机缘巧合下得了这份档案室打扫卫生的差事。他偶然翻出了潘德明周游世界的资料，觉得十分有趣，便作为自己休息时的消遣物，与别的积案废纸分开置放了。这些废资料，隔一段时间便会被清理送造纸厂，若不是这个"戆徒"把资料私藏，那些名人留墨早已被打成再生纸浆，做成擦屁股纸了。

1979 年 3 月，在上海召开的一次体育工作会议上，上海教育出版社的编辑季一德先生偶然获悉潘德明只身徒步骑车环游世界的线索。出于一个编辑的职业敏感，季一德经过多次奔波，反复查询，终于在上海永嘉路派出所即将销毁的废纸堆里，发现了潘德明的出国护照、签证、申请书、船票、书信、请柬，包括李宗仁先生"有志事竟成"的题词、张学良将军在巴黎治病考察时接见他所题的"壮游"和著名画家徐悲鸿"丈夫壮志"的手迹。还有潘德明的《名人留墨集》中近一千两百个团体的留言和印度甘地、尼赫鲁、泰戈尔，土耳其总统凯末耳将军等个人的题词和签名；另有各国邮戳、印章五百七十一枚，潘德明与泰戈尔合影照，等等。而这不过只是潘德明周游世界留存的一部分资料。

潘德明当年在环球途中收集的大量实物、标本和收到各国友人、华侨的礼品，由于长途跋涉，旅途艰辛，不宜携带，曾分别寄存于美国纽约华侨总会和泰国曼谷的中华商会保管。带回国内的资料，由于众所周知的原因，失散甚多。还有一部分在 1976 年年初的一次报复性抄家中被掳走，一件也未能再寻回。这些物品留在一份抄家清单上面，这份清单至今仍保存在我手中，清单中有一物品栏里写着："三色布"。实际那是一面手工编织的印度国旗，是圣雄甘地亲手编织，赠予潘德明留作纪念。

派出所中的所剩物品被季一德先生取回，据说若再晚一步，这些资料也要灰飞烟灭了。

尾 声

曲终人不散，江上数峰青

20 世纪 80 年代，潘德明的子女通过自己的努力，在上海黄浦区工人文化宫举办了潘德明周游世界文献展览，在当时引起社会较大的反响。

湖州市人民路，原本潘德明一家住过的地方，广场上树起了潘德明周游世界的等身塑像。2014 年，青年奥林匹克运动会在南京举办，运动会组委会与潘德明家属合作，举办了"小车轮，大精神"论坛，讨论在当下社会环境下，潘德明的"壮游"精神对现代青年的激励。对潘德明精神赋予了新的时代意义——潘德明精神，并不在于他完成了一次多么不可思议的旅行，而是在面对自己想要做的事情时的坚定与一往无前。

青奥骑行梦之队在南京青奥会开幕之前，带着行李，分别坐飞机来到世界五大洲，并沿着潘德明的足迹，往祖国骑行。2014 年青奥会开幕之际，梦之队的队员从五大洲准时汇合到广场，成为一段佳话。

南京大学拍摄的微电影《寻找潘德明》，成为第二届大学生华语微电影节唯一献礼片，并在 2016 年法国巴黎中国电影节上，获得纪录片金奖。由央视立项，南京电视台承办拍摄的纪录片《寻找潘德明》也顺利在中央电视台纪录片频道播放。

2016年的盛夏，我的朋友綦晓锟与我谈起了祖父潘德明的传奇环球之旅。他对于祖父那非凡的人生经历感慨万分，自小就熟读祖父环游世界的小说《异域万里行》以及连环画绘本《周游世界》。许多学画的同伴们，也曾临摹过祖父的作品。在表达敬意的同时，綦晓锟也为祖父未能实现蒙、藏科考队的愿望感到深深的遗憾与不平。

在没有与我进行任何商量或确认的情况下，綦晓锟悄然出发，制作了一面写有"潘德明徒步在西藏"的红色横幅，独自驾车前往青藏高原。他解释说："我的这次旅行是与逝者为伴，携带着朋友的祖父的精神，向八十年前那个鲜活不屈的灵魂致敬。"在旅途中，每到一处名山名湖，他都会用水瓶装满当地的河水和沙土，他走过了冈仁波齐冰川、羊卓雍错湖、玛旁雍错湖、雅鲁藏布江、塔什库尔干、博斯腾湖、尼洋河、沱沱河以及尼泊尔边境一带的无名河流等地区。

数月后，綦晓锟携带着部分冰川河流的河水与沙土，抵达上海南汇，来到我祖父的墓碑前，将河水洒在祖父的坟前，以此祭奠和致敬。这一突如其来的行动，出乎我和所有人的意料，但我深受感动。綦晓锟的这一行为，不仅是对祖父精神的传承，也是对祖父一生追求的崇高致敬。

……

曲终人不散，江上数峰青。

潘德明的壮游精神、民族情怀和无私奉献的人格，将永远延续在中华子孙后代的血液中。

潘德明旅行世界部分邮戳

上海文化发展基金会资助项目

图书在版编目（CIP）数据

我的祖父潘德明：徒步环游世界的第一人 / 潘溯著.
上海：上海文化出版社, 2025. 3. -- ISBN 978-7-5535-
3151-9

Ⅰ. K825.47

中国国家版本馆 CIP 数据核字第 2025RC2136 号

出 版 人	姜 逸 青
责任编辑	吴 志 刚
策　 划	马 朵　　 徐 乐 民
插　 画	潘　 溯
装帧设计	汤　 靖

书　　 名	我的祖父潘德明：徒步环游世界的第一人
著　　 者	潘溯
出　　 版	上海世纪出版集团　上海文化出版社
地　　 址	上海市闵行区号景路 159 弄 A 座 3 楼 201101
发　　 行	上海文艺出版社发行中心　网址：www.ewen.co
	上海市闵行区号景路 159 弄 A 座 2 楼 206 室　邮编：201101
印　　 刷	浙江经纬印业股份有限公司
开　　 本	890 × 1240 1/32
印　　 张	8.75
版　　 次	2025 年 3 月第一版 2025 年 3 月第一次印刷
书　　 号	ISBN978-7-5535-3151-9/K.345
定　　 价	78.00 元

敬告读者　　如发现本书有质量问题请与印刷厂质量科联系 T：400—030—0576